Klaus Oberbeil

Die Carb-Diät

Klaus Oberbeil

Die Carb-Diät

Fit und schlank mit gesunden Kohlenhydraten

Mit Selbsttest

Herbig

Die Informationen, Tipps und Hinweise in diesem Buch sind vom Autor nach bestem Wissen und Gewissen zusammengestellt und geprüft worden. Sie ersetzen aber bei bestehenden Beschwerden nicht die Konsultation eines Arztes oder eine anderweitige medizinische Betreuung.

Besuchen Sie uns im Internet unter
www.herbig-verlag.de

Gedruckt auf chlorfrei gebleichtem Papier

Umschlaggestaltung: Wolfgang Heinzel
Umschlagfoto: zefa visual media, Düsseldorf
Satz und Herstellung: VerlagsService Dr. Helmut Neuberger & Karl Schaumann GmbH, Heimstetten
Gesetzt aus: 11/14,4 Punkt OptimaBQ
Druck und Binden: GGP Media GmbH, Pößneck
Printed in Germany
ISBN 3-7766-2419-1

INHALT

Fit und schlank mit gesunden Kohlenhydraten

Die Natur regelt unsere Gesundheit und auch unser Körpergewicht auf simple Weise, zu diesem Zweck hat sie ein perfekt arbeitendes, genetisches Schlankheitsprogramm in jeden von uns eingebaut. Denn schlank sein bedeutet lebensfähig sein. Wenn ein Tier in freier Natur Übergewicht hat, ist es dem Konkurrenz- und Überlebenskampf nicht mehr gewachsen. Ausnahmen sind natürlich trächtige Tiere bzw. auch Murmeltiere oder Grizzlybären, die sich noch rechtzeitig vor dem Winter einen Reservespeck anfressen müssen. Die Natur wünscht sich um jeden Preis, dass ihre Geschöpfe – also auch wir Menschen – schlank und leistungsfähig sind. Nur so kann kraftvolles Erbgut von Generation zu Generation weitergetragen werden.

Unser gesamter Organismus, Herztätigkeit, Kreislauf, Verdauungssystem, Muskeltätigkeit sind darauf eingerichtet, Nahrungsfett zu Energie zu verbrennen. Auch unsere Fettzellen, die so genannten Adipozyten, haben ein bestimmtes Idealgewicht. Ihr Zellstoffwechsel ist darauf eingerichtet, Fett aufzunehmen, aber bei Bedarf auch wieder abzugeben. Bei entsprechender Ernährung kommt es so zur steten Lipolyse, zum Abschmelzen und Verbrennen von Speicherfett. Alle Systeme in unserem Körper sind startbereit, wenn es darum gehen soll, uns schlank zu machen und gesund zu erhalten.

Das beste Instrument zum Schlankwerden ist naturbelassene Nahrung: Obst, Salat, Gemüse, Hülsenfrüchte, Kräuter, Fleisch, Fisch, Wild, Eier, Milchprodukte, Getreide, Naturreis, Wasser usw. Industriell hergestellte Kost hingegen hilft mit, die Fettzellen an Bauch, Hüften, Po und Oberschenkeln mit Depotfett voll zu stopfen: Fischstäbchen, Schokowaffeln, Hamburger, Pizza, Fertig- und Mikrowellenprodukte, Limo, Cola usw. Dabei ist nicht das Fett der eigentliche Übeltäter beim Dickwerden. Fett ist ja selbst natürlicher Nahrungsbestandteil, z. B. im Fleisch, im Käse, in Pflanzenölen. Was uns, unsere Familie und letztlich einen Großteil der Bevölkerung dick macht, sind die beträchtlichen Mengen an Zucker bzw. schnelllöslicher Glukose, die in unserem Stoffwechselsystem zum großen Teil zu Fett verarbeitet und in Reservedepots eingelagert werden: in Bauch, Hüften, Po und Oberschenkeln.
Dieser Ratgeber erklärt detailliert, warum uns Zucker, alles Süße und süße Getränke dick machen und warum uns der süße Geschmack auf Zunge und Gaumen auf so fatale Weise verführt und süchtig macht. Er vermittelt aber auch Ratschläge, wie wir von dieser verhängnisvollen Sucht loskommen, wie wir überflüssige Speckpolster rasch abschmelzen können, um zur Idealfigur zurückzukehren. Ein Selbsttest und einfache Abspeckprogramme – von 24 Stunden bis zu sieben oder 30 Tagen – nehmen den Leser an der Hand und vermitteln ihm ein neues Lebensgefühl, Freude am eigenen Körper und frischen Optimismus.

KAPITEL I

Kohlenhydrate: Basisnahrung der Natur

- Die guten und die »bösen« Kohlenhydrate
- Zuckermoleküle können schlank – oder dick machen
- Wichtiges über unseren Blutzucker
- Wie Kohlenhydrate in der Natur entstehen
- Alle Kohlenhydrate stammen von Pflanzen
- Schlank ohne Zucker
- Gefährliche Zwischen-Snacks
- Die wichtige Rolle des Hormons Insulin
- Der Dick-Dünn-Schalter
- Die Einbahnstraße Fett

1 Die guten und die »bösen« Kohlenhydrate

Wenn der Würfelzucker gesund wäre, hätte ihn die Natur schon vor Millionen Jahren an Bäumen und Sträuchern wachsen lassen. Landwirte mischen mitunter Zuckerstoffe unter das Futter, damit ihr Mastvieh möglichst schnell dick und fett wird. Dabei ist Zucker, das Basismolekül aller Kohlenhydrate, wichtigster Nährstoff. Ohne die tüchtigen Glukosemoleküle wären wir gar nicht lebensfähig. Sie machen uns glücklich und froh, lassen unsere Muskeln wachsen, sorgen für ein kräftiges Skelett und eine tolle Körperhaltung, päppeln unsere Nerven auf und vieles mehr.

Glukose = Blutzucker

Unser Verdauungssystem, also hauptsächlich Magen und Darm, zersetzen den Nahrungsbrei, sodass neben Vitaminen, Spurenelementen, Mineralien und Wasser die kleinsten Bau- und Bestandteile von Fett, Eiweiß und Kohlenhydraten übrig bleiben. Dies geschieht mit Hilfe von Enzymen, die unsere Magenschleimhaut und Bauchspeicheldrüse produzieren und an die Verdauungssäfte im Dünndarm abgeben:
- Lipasen für die Fettzersetzung.
- Proteasen für den Abbau von Eiweiß.

- Amylase für die Zerkleinerung von Kohlenhydraten.
- Nukleasen für die Freisetzung von so genannten Nukleotiden, den winzigen Bausteinen für unsere Zellkerne.

Kohlenhydrate werden mit Hilfe von Wasser und Licht von Pflanzen synthetisiert; wenn sie zersetzt und abgebaut werden, entsteht Glukose, Diese winzigen Zuckermoleküle schlüpfen durch die Darmschleimhaut ins Blut – und werden fortan auch als Blutzucker bezeichnet. Blutzucker und Glukose sind demnach dasselbe.

Zuckermoleküle schmecken süß, sie sind der Süßigkeitenspender in unserem Körper. Unsere Gehirn- und Nervenzellen sind süchtig danach, denn Blutzucker ist für sie die einzige Energienahrung, also der einzige Rohstoff, den sie zur lebenswichtigen Zellenergie verbrennen können. Neugeborene und Babys sind süchtig nach dem Zucker in der Muttermilch. Nicht anders als unsere Muskeln, die verrückt darauf sind, Glukosemoleküle zu speichern. Weil jedes Glukosemolekül auch noch gleich drei Wassermoleküle an sich kettet, werden Arm-, Bein- und andere Muskeln mit Hilfe von Blutzucker also schön gepolstert und kräftig.

Zucker macht schlank – oder dick

Die Zucker- also Glukosemoleküle sind in der Natur seit Hunderten Millionen Jahren die allerbesten Schlankmacher. Alle Tiere und auch die Pflanzen verdanken es ihnen, dass sie ein Leben lang ihr gesundes Idealgewicht halten. Schließlich sind Zuckermoleküle die Powersubstanzen in unserem Körper. Wenn Tiere Pflanzen fressen, sorgen die enthaltenen Glukosemoleküle in ihrem Stoffwechsel für Leben. Nicht anders ist es bei uns Menschen. Die gesunden Kohlenhydrate in Pflanzen versorgen uns mit Energie und Nervenkraft.

Im Laufe der biologischen Evolution, also in vielen Millionen Jahren, hat die Natur die Mechanismen in unserem Stoffwechsel sehr sensibel konstruiert. Die Konzentration an Blutzucker, also an Glukosemolekülen in unserem Blut, muss sich stets in einem bestimmten so genannten Referenzbereich bewegen: zwischen etwa 85 und 100 Milligramm Glukose pro Deziliter Blut. Dann kurbeln diese kleinen, fleißigen Zucker-Heinzelmännchen unseren Stoffwechsel energisch an, und wir werden und bleiben schlank.

Wenn der Blutzuckerspiegel jedoch sinkt, fehlt unserem Körper die wichtige Lebensnahrung. Allzu schnell können sich dann Beschwerden, Befindlichkeitsstörungen einstellen. Müdigkeit, Lustlosigkeit sind erste Warnsymptome. Und weil Glukose die einzige Energienahrung für Gehirn und Nerven ist, werden wir bei diesem so genannten Unterzucker rasch nervös, gereizt, auch ängstlich, pessimistisch, oder wir neigen zu depressiven Verstimmungen.

Wenn sich zu viel Glukose im Blut befindet, wird diese nicht einfach ausgeschieden, sondern von der Leber in Triglyzeride, in Fettmoleküle, umgewandelt, damit möglichst wenig an Nahrungsbestandteilen verloren geht. Dieses Fett wird anschließend in den Adipozyten als Reservedepot gespeichert. Der eigentlich so gesunde und lebensnotwendige Zucker, die Basisnahrung allen Lebens auf Erden, kann also ebenso gut schlank wie dick machen. In natürlichen Konzentrationen verzehrt, kurbelt er die Fettschmelze an, ein Zuviel davon macht übergewichtig und dick.

Wenn Blutzucker schädlich wird

Die Natur hat es so eingerichtet, dass pflanzliche Kohlenhydrate nur allmählich in Magen und Darm abgebaut werden. Ist ja auch ganz klar: Es dauert schon eine Weile, ehe z. B. ein Getreidekorn, ein Blatt Grünkohl oder eine Pflaume in ihre Bestandteile zerlegt wird. Derlei Kohlenhydrate werden als komplex bezeichnet, ihre Restverdauung findet im Dünndarm statt. Dabei kommt es zu einem steten Strom an Glukosemolekülen durch die Darmschleimhaut ins Blut. Während gleichzeitig der Stoffwechsel Blutzucker zu Energie verbrennt oder anderweitig verwendet, erfolgt Nachschub an Glukose. Die Folge: Der Blutzuckerspiegel bleibt stabil, in einem gesunden Referenzbereich. Nerven- und Körperzellen sind stets optimal mit ihrer wichtigen Sofortenergie versorgt.
Anders verhält es sich, wenn wir Zucker, Süßes oder süße Getränke bzw. auch Weißmehlprodukte oder polierten weißen Reis verzehren. Diese Lebensmittel sind bereits von Keimlingen und anderen nährstoffreichen Bestandteilen befreit. Sie bestehen weitgehend aus schnelllöslicher Glukose. Mit anderen Worten: Wenn wir eine Tafel Milchschokolade, Brötchen, eine Pizza oder Zuckerplätzchen essen, werden die darin enthaltenen Kohlenhydrate quasi im Eiltempo ans Blut und zu den Körperzellen abgegeben. Noch schneller schießt diese Glukose ins Blut, wenn wir Süßes trinken, Limonade, Cola bzw. stark gesüßten Tee oder Kaffee.
Ein Teil dieser Kohlenhydratbestandteile wird von den Zellen noch aufgenommen, der meist überwiegende Teil hingegen zu Depotspeck verarbeitet. Überschüssigen Blutzucker so einfach über Nieren und Blase ausscheiden, kann unser Organis-

mus nämlich nicht. Was zu viel an Glukose im Blut zirkuliert, wird in Form von Triglyzeriden in Bauch und Hüften eingelagert.
Menschen mit einem steten Verlangen nach Süßem oder hellen Mehlprodukten sind demnach besonders disponiert fürs Dickwerden. Denn die überschüssigen Blutzuckermoleküle bauen über hormonelle Signale eine Einbahnstraße Fett auf, aus dem Nahrungsbrei im Darm über Blut und Leber zu den Fettzellen. Es strömt dann ständig Fett ins Speckgewebe, die Adipozyten aber setzen ihren Inhalt nicht mehr frei. Man wird dick, während z. B. Muskeln das wichtige Energiefett für ihre Erneuerung fehlt.
Wenn ein solcher betroffener Zeitgenosse dann auch noch fettes Essen liebt, ist es um seine Idealfigur schnell geschehen. Er wäre der ideale Kandidat für das Low-Carb-Programm, das ihn mit gesunden, also guten Kohlenhydraten wieder schlank macht.

2 Alles dreht sich um Kohlenhydrate

So richtig »böse« sind die schnelllöslichen Kohlenhydrate natürlich nicht. Aber sie sind ein künstliches Produkt der Lebensmittelindustrie. Und alles Künstliche in der Ernährung ist ungesund. Ernährungsphysiologisch gesehen sind wir Menschen nichts anderes als ein Baum auf zwei Beinen, der den Vorzug hat, dass er sich bewegen kann. Nicht anders als Tiere, die sich ihre Nahrung suchen.

Ein Baum saugt seine lebensnotwendigen Nährstoffe aus dem Erdreich auf, unsere Vorfahren haben sich auf den Weg gemacht, um Naturprodukte zu ernten, zu sammeln, zu jagen und zu fangen: Knollen, Früchte, Schnecken oder Wild. Die darin enthaltenen Kohlenhydrate waren aber stets komplex, nie führte ihr Verzehr zu einem Überschuss an Glukose im Blut. Sie halfen im Gegenteil mit, Neandertaler und andere Menschen schlank zu machen und zu erhalten.

Dies ist der Grund, weshalb es zu jenen Zeiten nie übergewichtige oder dicke Menschen gab. Kohlenhydrate als Basisnahrung sorgten für mentale und körperliche Fitness und Gesundheit. Auch heute dreht sich unser Leben um Kohlenhydrate – doch leider meist um jene, die uns dick, krank und unglücklich machen.

Das Low-Carb-Prinzip lautet dennoch: Essen wie seinerzeit die Neandertaler – und dabei fit und schlank bleiben.

Kalorienzählen und Glyx-Tabellen sind passé

Dies ist die erfreulichste Nachricht im Zusammenhang mit der neuen Carb-Diät: Alles wird einfacher, viel leichter. Wir müssen nur die Lipolyse, die Fettfreisetzung, in Gang setzen – alles andere funktioniert von allein. Unsere Vorfahren kannten die Begriffe Kalorien oder Glykämischer Index gar nicht und blieben rätselhafter Weise trotzdem schlank.

Die Alternative zu Glyx und Kalorienzählen

- Kalorien sind eine Wärmeeinheit. Eine Kalorie repräsentiert den Aufwand, der nötig ist, um ein Gramm Wasser um ein Grad Celsius zu erwärmen. Wenn Fett und Kohlenhydrate in unseren Zellen verbrannt werden, liefern sie Energie, die vom Stoffwechsel genutzt wird, um Hitze und Arbeitsleistung zu erzeugen, die in Kalorien gemessen wird: Ein Gramm Kohlenhydrate liefert etwa 4 Kalorien, ein Gramm Fett etwa 9 Kalorien, also mehr als das Doppelte. Auch Alkohol ist ein potenzieller Energiespender, ein Gramm reiner Alkohol liefert 7 Kalorien; Bier, Schnaps oder Wein können also auch dick machen.
- Kalorienzählen ist aber ebenso unnötig wie das Studieren von Glyx-Tabellen. Sie erklären uns, welche Kohlenhydrate einen hohen oder einen niedrigen Glyx-Wert haben, welche also mehr dazu beitragen, dass wir möglicherweise übergewichtig werden. Aber jeder von uns weiß ja, dass Süßigkeiten wie Kuchen oder Pralinen dick machende Kohlenhydrate enthalten. Dasselbe gilt für Weißmehlprodukte wie Brötchen oder Nudeln. Bei Obst und Gemüse haben süßlich schmeckende Produkte einen höheren Glyx-Wert, also z. B. manche Karotten, Beeren, Süßkartoffeln usw.
- Wer sich grundsätzlich gesund ernährt, mit naturbelassenen Lebensmitteln wie Obst, Salat, Rohkost und Gemüse, kann die Begrif-

fe Glyx und Kalorien aus seinem Schlankheitsprogramm streichen. Denn dann sind auch süße Früchte, Kürbis oder Honig erlaubt, überhaupt alles, was in der Natur wächst und entsteht. Man darf so viele Lebensmittel mit hohem Glyx-Index essen, wie man will – und bleibt trotzdem schlank. Das Gleiche gilt für die Menge an Kalorien, die wir täglich zu uns nehmen. Selbst 5000 Kalorien pro Tag machen nicht dick – vorausgesetzt, sie stammen aus Obst, Salat oder Gemüse bzw. aus anderen pflanzlichen Produkten.

Der Umgang mit ewig langen Glyx-Listen oder Kalorientabellen für Lebensmittel lenkt vom Verständnis für gesunde Ernährung nur ab. Gesündigt wird dabei vorwiegend beim Verzehr von Kohlenhydraten. Während sich nämlich die beiden anderen Energiespender – Eiweiß und Fett – in ihrem molekularen Aufbau nur geringfügig verändern lassen, ist der Unterschied zwischen Kohlenhydraten, wie sie unmittelbar einer Pflanze entstammen, und solchen, die industriell verarbeitet sind, gehörig. Die einen sind gesund, machen schlank, die anderen schaden der Gesundheit – und machen dick.

Wie Kohlenhydrate entstehen

Die Produktion von Kohlenhydraten bzw. deren kleinsten Bausteinen, den Zuckermolekülen, zählt zu den faszinierendsten Wundern der Natur. Pflanzen bestehen vorwiegend aus Kohlenhydraten, ihre fleißigen Zellen synthetisieren diese aus den Elementen Kohlenstoff, Wasserstoff und Sauerstoff. Die Blätter der Pflanzen fangen Sonnenenergie ein und speichern sie in fürsorglicher Weise in Kohlenhydraten, dem Lebensspender für alle Tiere und Menschen auf der Welt.

Weil es über 300 000 verschiedene Pflanzen auf der Erde gibt, vom zartesten Blümchen bis zur gewaltigen Tanne, hat die Natur die kleinen Zuckermoleküle zu einfachen Molekülen zusammengebaut, aber auch zu äußerst komplexen Formen. So gibt es z. B. so genannte Polysaccharide, die aus bis zu 20 000 Zuckermolekülen hergestellt sind. Aus solchen kräftigen Makromolekülen entsteht die Zellulose, ohne die Bäume nicht so gewaltig in die Höhe wachsen könnten.
Zuckermoleküle werden auch als Saccharide bezeichnet. Deren einfachste Form sind die Monosaccharide, die Einfachzuckermoleküle, von denen es wiederum unterschiedliche Formen gibt, je nachdem wie viele Kohlenstoffatome sie enthalten. Diejenigen mit fünf oder sechs solchen Basis- oder »Rückgrat-Atomen« sind die biologisch wichtigsten, weil sie sich zu langgestreckten Kohlenhydratstrukturen fügen können, oder – und dies spielt für unser Körpergewicht eine große Rolle – weil sie in unserem Körper an Stoffwechselreaktionen teilnehmen.

Pflanzen basteln Kohlenhydrate für den Eigenbedarf

Viele Millionen Jahre, ehe es tierisches Leben auf der Erde gab, war die Welt ein Pflanzenparadies aus den unterschiedlichsten Kohlenhydraten. Disaccharide waren entstanden, zusammengefügt aus zwei Zuckermolekülen. Zu ihnen zählen die Saccharose in Honig, Ahornsirup, Zuckerrohrsaft und Zuckerrüben, außerdem der Malz- und der Milchzucker. Eine bedeutende Rolle spielen die Einfachzucker Fruktose, der Fruchtzucker, und Glukose. Der Fruchtzucker in süßen Früchten und Gemüse ermöglichte indirekt die Fortpflanzung der Tiere, denn das Sicherkennen von weiblichem Ei und männlichem Samen funktioniert über fruktosehaltige Moleküle auf der Oberfläche des Eis.

So entwickelten sich mit Hilfe der Pflanzen nach und nach Lebewesen inmitten der reichhaltigen Flora. Als die Tiere dann größer wurden, entstanden Säugetiere. Mütter säugten ihre Kleinen, die nahmen aber die Milch nur an, wenn sie süß schmeckte, deshalb war und ist die Muttermilch reich an süß schmeckender Glukose. Weidetiere kauen Gras so lange, bis es sich mit Hilfe bestimmter Enzyme so stark zersetzt, dass nur noch die Bausteine, die süß schmeckende Glukose, übrig bleiben. Tiere und Menschen entwickelten Geschmacksknospen auf Gaumen und Zungenschleimhaut, die mit Hilfe spezieller Rezeptoren unmittelbar auf Süßes ansprechen. Das Verlangen nach Süßem wurde zum lebenserhaltenden Prinzip.

Die Vielfalt an Kohlenhydraten, die Pflanzen für den Eigenbedarf bastelten, ließen im Laufe der biologischen Evolution eine ebenso großartige Vielfalt an tierischem Leben entstehen, angefangen von kleinsten Insekten bis hin zum Elefanten.

Damals gab es noch keine »bösen« Kohlenhydrate. Erst sehr viel später, im 20. Jahrhundert, als die zuckerverarbeitende Industrie erkannte, dass sich das natürliche Verlangen nach Süßem zur Profit bringenden Sucht entwickeln ließ, wurden Kohlenhydrate gesundheitsschädlich. Die Manager der Zuckerindustrie mussten lediglich dafür sorgen, unser Blut wieder und wieder mit Glukose voll zu stopfen, damit das Verlangen nie nachließ, sich sogar steigerte. So wurde schließlich Glukose, der Blutzucker, jenes unvergleichliche, unschuldige

Produkt der Natur, zum Rauschgift, das uns dick und krank macht und unseren Stoffwechsel belastet.

Das gesunde Maß entscheidet

In unserem Stoffwechsel und unserem Organismus baut sich überall eine gesunde so genannte Homöostase auf, eine Balance und ein Gleichgewicht von oft konkurrierenden Substanzen. So z. B. der Säure-Basen-Haushalt, das Gleichgewicht zwischen aktivierenden und hemmenden Hormonen, das Gegen- und Zusammenspiel von Kupfer und Zink oder von Kalium und Natrium, die Balance von Eiweißbausteinen und vieles mehr.
Aber auch ein Zuviel an Eiweiß, an bestimmten Fettsäuren ist ungesund, ebenso wie ein entsprechender Mangel. Von ganz besonderer Bedeutung ist diese Homöostase im Zuckerstoffwechsel. Ein zu niedriger Blutzuckerspiegel ist ungesund, führt zwangsläufig zu Mangelerscheinungen. Aber auch eine zu hohe Konzentration von Glukosemolekülen im Blut schadet unserer Gesundheit. Wenn der Blutzucker ständig zu hoch ist, sprechen wir von der Zuckerkrankheit. Sie kann dadurch ausgelöst werden, dass die Bauchspeicheldrüse zu wenig von ihrem Hormon Insulin synthetisiert, das Glukose in die Zelle einbaut. Aber auch dadurch, dass Körperzellen nur noch bedingt Glukose aufnehmen, in einem Zustand, den Wissenschaftler als Glukose-Resistenz bezeichnen.
Diese Entgleisung in der Zucker-Balance ist eine der Hauptursachen für Übergewicht und Beleg dafür, dass Glukose sowohl schlank, als auch dick machen kann. Die gute Nachricht lau-

tet: Wenn Überschüsse an Blutzucker dick machen, setzt man ebenso gut Schlankheitsprozesse in Gang, wenn man dieses Missverhältnis korrigiert.

Schlank oder dick?

- Eine ausgewogene Konzentration an Blutzucker erhält schlank.
- Ein ständiges Zuviel an Glukose im Blut macht übergewichtig. Es aktiviert die so genannte Lipogenese, den Einbau von Fett in die Speckpolster an Bauch, Hüften, Po und Oberschenkeln.
- Wenn Blutzuckerkonzentrationen weiterhin hoch bleiben (auf Grund von Fehlernährung), bleibt das Übergewicht erhalten, und es wird zusehends schwieriger, an Gewicht abzunehmen. Fettzellen bleiben dann zugesperrt wie Banktresore, setzen ihren Inhalt kaum noch zur Verbrennung frei.
- Wenn die Blutwerte an Glukose normalisiert werden (mit gesunder Kost und nach Anleitung in diesem Ratgeberbuch), setzt die Lipolyse ein, die Fettschmelze. Die Folge: Man nimmt an Gewicht ab und wird wieder schlank.
- Die Carb-Diät »Fit und schlank mit gesunden Kohlenhydraten« ist die natürliche Schlankheitskur seit vielen Millionen Jahren und keine Erfindung von »Diät-Päpsten«. Ihr verdanken es alle Tiere in freier Natur, dass sie ihr Leben lang ihr gleiches Körpergewicht behalten, gesund und aktiv bleiben.

KAPITEL II

Süßes macht dick und träge

- Ein Blick in unseren Fettstoffwechsel
- Faszinierende Fettsäuren
- Was Frauen von Männern unterscheidet
- Warum Grizzlybären Süßes lieben
- Wenn schlanke Mädchen dick werden
- So wird Abspecken leicht gemacht
- Stresshormone helfen beim Schlankwerden
- Warum Schlaf und Ruhe so wichtig sind
- Pro Monat zehn Prozent Schwabbelfett verbrennen

1 Warum Zucker und Süßes dick machen

Viele Menschen sind ganz verzweifelt, weil sie sich – oft über Jahre hinweg – vergeblich bemühen, von ihrem Übergewicht herunterzukommen. Sie haben alle möglichen Schlankheitskuren ausprobiert, treiben Sport, ernähren sich quasi nur noch von Kaffee und Kaugummi und nehmen trotzdem kein Gramm ab.

Auch Ärzte können oft nicht helfen. Kein Wunder, denn bis vor wenigen Jahren waren die Mechanismen der Lipogenese, des Fetteinbaus ins Gewebe, nur unzulänglich bekannt. Erst mit dem rasanten Innovationsschub der Computertechnologie, mit der Entwicklung von Analysegeräten, die Einblick ins Gewebe im so genannten Nanobereich ermöglichen (dies sind Billiardstel Gramm), mit dem enormen Forschungspotenzial modernster High-Tech-Geräte entfalten sich seit Beginn des neuen Jahrtausends atemberaubende Einsichten in die Entstehung von Übergewicht.

Was Sie unbedingt wissen müssen

- Der dicke Bauch besteht oft vorwiegend aus Wasser.
- Fettes Essen allein macht nicht fett.
- Nicht durch Schwitzen, durch schweißtreibenden Sport,

nimmt man ab, sondern eher durch Frieren (weil der Organismus Wärme als Abwehrmaßnahme gegen die eindringende Kälte produziert und zu diesem Zweck Fett verbrennt).

- Bei entsprechender Ernährung muss man sich nicht groß sportlich betätigen, um abzunehmen und schlank zu bleiben (wenngleich sportliche Aktivitäten das Schlankwerden beschleunigen).
- Wir nehmen nicht tagsüber ab, sondern vorwiegend nachts, während wir schlafen und träumen.
- In jedem von uns ist ein genetisches Schlankheitsprinzip eingebaut, das funktioniert, wenn wir es nur wecken.
- Bei entsprechender Ernährung geht die Lipolyse, die Fettschmelze, bis zu 4000-mal schneller vor sich als der Einbau von Fettmolekülen in die Speckpolster.
- Verantwortlich für den Einbau von Triglyzeriden ins Fettgewebe sind Zuckermoleküle.
- Zucker, Süßes, süße Getränke sowie Weißmehlprodukte beschleunigen den Fetteinbau und sperren Fettzellen radikal zu. Ein Gewichtsverlust wird auf diese Weise biochemisch unmöglich. Man bleibt dick, während den Muskeln, speziell auch dem Herzmuskel, die lebenswichtige Energienahrung Fett fehlt.

Lieblingsfutter Blutzucker

Wir konsumieren also ein Obstfrühstück: Banane, halber Apfel, Kiwi, alles klein geschnitten, darüber 2 Teelöffel Studentenfutter und etwas Sahne, und was passiert? Wie im Eiltem-

po werden mit Hilfe des reichlich enthaltenen Nährwassers die enthaltenen Vitamine und Spurenelemente in Magen und Dünndarm abgebaut, ans Blut abgegeben und in die rund 70 Billionen Körperzellen eingebaut.
Die freuen sich natürlich riesig, denn jetzt können sie schon morgens ihren Zellstoffwechsel in Schwung bringen. Was ihnen noch fehlt, ist in erster Linie Glukose, der Blutzucker. Der lässt sich nämlich in den Mitochondrien, den winzigen, nur bakteriengroßen Brennkammern der Zelle, ganz phantastisch zu Zellenergie verbrennen.
Blutzucker ist gottlob auch reichlich vorhanden; Obst, Sahne, Nüsse, Kerne, Rosinen usw. bestehen ja zum erheblichen Teil auch aus Kohlenhydraten. Die werden nun im Dünndarm zu Glukose abgebaut und ebenfalls ans Blut abgegeben. Und zwar nicht auf einmal, etwa binnen weniger Minuten, sondern über einen Zeitraum von etwa 60 bis 120 Minuten hinweg. Ein bis zwei Stunden lang werden nun alle Körperzellen mit Energierohstoff versorgt.
Der Stoffwechsel blüht so richtig auf, während wir noch daheim die Betten machen oder auf dem Weg zum Arbeitsplatz im Auto sitzen.
Während der Blutzucker zur Neige geht, meldet sich Appetit, schließlich Hunger – ein gutes Zeichen, denn nun wird erstmals auch Fett in Zellen zu Energie verbrannt. Genau so hat sich die Natur die Grundlagen eines tüchtigen Stoffwechsels vorgestellt – damals, vor Hunderten Millionen Jahren. Diesem Prinzip verdanken alle Tiere in freier Natur, dass sie ihr Leben lang schlank bleiben.
Wir Menschen können also auch von den Tieren viel lernen.

So nach und nach wird Fett verbrannt

Wenn Tiere in freier Natur unterwegs sind, auf Futter- oder Beutesuche oder wenn sie vielleicht von einem Raubtier gehetzt werden, verbrennt ihr Stoffwechsel viel Fett. Ein Steinadler, der Beute suchend viele Kilometer abfliegt, benötigt ebenso Triglyzeride als Brennmaterial für seine Muskeln wie eine Amsel, die sich in einem relativ begrenzteren Lebensraum bewegt. Tiere haben – genetisch und instinktiv – einen enorm disziplinierten und kontrollierten Fettstoffwechsel. Wer zum Überleben kräftige Muskeln braucht, speichert und verbrennt mehr Fett als ein Tier, das sich wenig bewegt.

Aber stets ist die Glukose, der Zucker im Blut, Motor für die Fettverbrennung. Glukose ist praktisch das Streichholz, mit dem die Fettbriketts im Ofen entzündet werden. Deshalb ist es für alle Schlankheitsprozesse so unendlich wichtig, dass sich im Blut stets gesunde Konzentrationen an Glukose befinden. Nicht zu viel. Und nicht zu wenig. Nur über diesen Mechanismus funktioniert die Fettschmelze. Das Low-Carb-Programm liefert hierfür die exakte Anleitung.

Wenn wir uns gesund ernähren

Morgens nach dem Aufwachen beginnt der Alltagsstress – und der hält meist bis abends an. In diesem Zeitraum ist unser Organismus dringend auf ausreichend Blutzucker angewiesen, um die Herausforderungen kraftvoll zu meistern. Dies gilt speziell für unsere Gehirn- und Nervenzellen, die praktisch ausschließlich Glukose zu Zellenergie verheizen können.

Das ist aber auch kein Problem, wenn wir uns weiterhin gesund ernähren, mit guten Snacks gegen den kleinen Hunger: eine Banane, eine Hand voll Trockenfrüchte oder Nüsse, eine halbe Avocado, ein Becher Apfelquark, ein Vollkornbrötchen mit Butter und Honig. Da versiegt der Zustrom gesunder Glukose ins Blut auch fortan nicht. Stets bleiben die Konzentrationen im gesunden Referenzbereich von 85 bis 100 Milligramm Glukose pro Deziliter Blut. Die zu Energie verheizte Glukose saugt aus den Fettzellen Triglyzeride an, die nun ebenfalls übers Labyrinth der Blutgefäße ihren Weg in die Mitochondrien der Körperzellen finden.

Mittags Gemüse mit Kartoffeln, abends ein bunter Rohkostteller, garniert mit Krabben, Käse, Thunfisch, kaltem Braten oder magerem Schinken – da freut sich der Blutzuckerspiegel bis zum Schlafengehen. Was immer der Körper an Energierohstoff verbraucht, bezieht er aus dem Blut. Der geringfügige Überschuss, der gegebenenfalls in Form von Fettmolekülen in den Speckpolstern landet, wird rasch wieder an die Zellen abgegeben.

Dies ist der Idealzustand, wie ihn die Natur seit jeher geplant und vorgegeben hat. Bei allen Tieren in freier Natur ebenso wie bei uns Menschen. Zuckermoleküle in gesunder Blutkonzentration machen und erhalten schlank. Übergewicht? Fettleibigkeit? Eine solche Entgleisung im Fettstoffwechsel ist dann biochemisch gar nicht möglich.

2 Die schädlichen Kohlenhydrate

Sie sind in Zucker, in Süßwaren, süßen Getränken, Weißbrot und anderen hellen Mehlprodukten wie z. B. Pizza oder Pasta und auch in weißem polierten Reis enthalten. Längst industriell befreit von ihren schützenden nährstoffreichen Keimlingen und Schalen, werden sie in Magen und Darm schon wenige Minuten nach einer Mahlzeit in Form von Glukose ans Blut abgegeben. Nun schießt also der Blutzuckerspiegel in die Höhe, von einem normalen gesunden »Pegelstand« von etwa 85 innerhalb Minuten auf vielleicht 140, 150 oder noch mehr.

In der Bauchspeicheldrüse schrillen jetzt die Alarmsirenen. In höchster Eile muss sie erhebliche Mengen an Insulinmolekülen synthetisieren und ans Blut abgeben.

Denn nur diese kleinen Hormonmoleküle können ihre Geschwister, die Glukosemoleküle, an der Hand nehmen und in die Körperzellen einschleusen. Dort werden sie ja auch dringlichst erwartet, als Sofortrohstoff für die Energieproduktion, die unter anderem auch für die Verdauung und Verwertung dieser kohlenhydratreichen Mahlzeit benötigt wird. Mit Hilfe von Insulin sinkt also der Blutzuckerspiegel wieder. Meist auf einen niederen Wert als vorher, also schon in den Bereich einer leichten Unterzuckerung. Während gleichzeitig der Überschuss an Blutzucker, der von Zellen nicht unmittelbar verwertet wird, in Leberzellen landet und dort zu Fettmolekülen umgebaut wird, um letztlich im Bauch- oder Hüftspeck zu landen.

Insulin: Verbündeter der Fettzellen

- Insulin ist ein so genanntes anaboles, ein Gewebe aufbauendes Hormon. Das heißt, es schleust Nährstoffe in Zellen ein, nämlich Eiweiß und Kohlenhydrate, z. B. in Muskelzellen, und Fettmoleküle in Fettzellen.
- Während Insulin-Konzentrationen im Blut steigen, weiten sich auch die Gefäße geringfügig. Denn auch die Transportwege sollen jetzt leistungsfähiger werden, damit Nährstoffe, wie z. B. Fett, in noch größeren Mengen ins Gewebe verfrachtet werden können.
- Unter dem Einfluss von Insulin sind Zellen höchst aufnahmebereit für Nährstoffe wie Eiweißbausteine oder auch Glukose – und natürlich öffnen sich auch die Adipozyten, die Fettzellen, um möglichst viele Triglyzeride aufzusaugen.
- Dies bedeutet freilich gleichzeitig, dass Fettzellen zwar Fettmoleküle aufnehmen, aber keine abgeben. Genau dieser biochemische Mechanismus ist dafür verantwortlich, dass so viele Menschen an Gewicht zunehmen und dass so viele Menschen erhebliche Probleme haben, von ihrem Übergewicht wieder herunterzukommen.
- Denn immer dann, wenn die Insulin-Konzentrationen im Blut hoch sind, bleiben Fettzellen zugesperrt. Und die Insulinwerte sind stets dann besonders hoch, wenn wir Süßes oder helle Mehlprodukte zu uns nehmen.
- Deshalb ist dieses Hormon ein Verbündeter der Fettzellen, wenn es darum geht, dass Adipozyten mit gelben Fettmolekülen voll gestopft werden sollen.
- Doch es droht eine noch größere Gefahr: Wenn Insulinwerte im Blut über Monate oder gar Jahre hinweg immer wieder oder stän-

dig erhöht sind, bauen Zellen zum eigenen Schutz Insulin-Rezeptoren ab, also jene winzigen Türchen an ihrer Außenhülle, durch die Insulin Nährstoffe wie Glukose oder Fett einschleust.

- Als Folge davon bleiben Insulin-Konzentrationen zu hoch und ein Abnehmen wird praktisch unmöglich oder zumindest äußerst schwierig. Aber auch die Blutzuckerwerte sind nun ständig erhöht. Es entsteht ein Zustand von so genannter Insulin-Resistenz und Diabetes, der in enormer Bandbreite den gesamten Organismus bedroht und gefährdet.

Schlank ohne Zucker

Abnehmen ist also ganz einfach, wenn man nicht immer nur die Äußerlichkeiten seines eigenen Spiegelbildes sieht, sondern Bescheid weiß, wie unser Fetthaushalt funktioniert. Die Zuckermoleküle – wie Glukose – sind stets die Gleichen. Wenn sie jedoch in großen Massen ins Blut schwärmen, sind sie schädlich und machen übergewichtig und dick. In gesunden Konzentrationen werden sie zum unablässig arbeitenden Motor der Fettschmelze.

Die schlichte Formel lautet demnach: Alle Lebensmittel weglassen, deren Verzehr dazu führt, dass sich in kurzer Zeit zu viele Glukosemoleküle im Blut sammeln. Naturbelassene Lebensmittel sind hingegen gesund. Nichts von dem, was wir in freier Natur sammeln, essen und trinken, macht dick. Weder Beeren, Kartoffeln, Pilze, Pfirsiche, Zwiebeln oder Nüsse noch Erbsen, Mirabellen, Weintrauben, Tomaten, Spinat oder Kohl. Selbst Bodenfrüchte, die auf den Listen für den Glykämischen Index schlecht wegkommen und als Dickmacher deklariert werden, machen uns eher schlank als übergewichtig, wie z. B. Karotten, Mais, süße Weintrauben, Rosinen oder Kastanien.

Der Grundsatz lautet: Nichts von dem, was die Natur hervorbringt, macht übergewichtig. Wenn dem so wäre, gäbe es ja übergewichtige Tiere. Und weil übergewichtige Tiere nicht lebensfähig sind, wären viele Tierarten bereits ausgestorben.

Das Gegenteil ist richtig: Alles, was die Natur hervorbringt, hilft mit, Tiere und Menschen schlank und leistungsfähig zu erhalten. Neben sämtlichen Obst, Salat- und Gemüsesorten zählen dazu auch Getreide, Fleisch, Fisch, Geflügel, Eier und Milch.

Gefährliche Zwischen-Snacks

Fehlgeleitet von Falschinformationen, fehlt vielen von uns Zeitgenossen das Gespür, was uns nun eigentlich zu lästigem Übergewicht verhilft. Die einen sagen, es sei fettes Essen, die anderen meinen, es handle sich um einen Mangel an Bewegung. Andere wiederum behaupten, es seien die vielen Kalorien. Doch nichts davon ist richtig.

Seit Beginn des neuen Jahrtausends gibt es verblüffende wissenschaftliche Erkenntnisse:

- Nicht Schwitzen macht schlank, sondern frieren.
- Nicht tagsüber nimmt man ab, sondern nachts.
- Nicht die Hauptmahlzeiten machen dick, sondern viele kleine Zwischenmahlzeiten.
- Es gibt Menschen, die Hauptmahlzeiten ganz weglassen, sich nur von Snacks ernähren – und dabei weiter zunehmen.

– Die Natur macht zwischen Essen und Trinken keinen Unterschied. Deshalb sind für unseren Organismus auch süße Erfrischungsgetränke wie Limo oder Cola dick machende Zwischenmahlzeiten.

Finger weg von diesen Snacks!

- Süßes Gebäck
- Kuchen, Torten
- Süßigkeiten
- Pralinen, Schokolade
- Puffreis
- Kartoffelchips
- Salzstangen oder Minibrezeln
- Süßspeisen wie Puddings, Desserts, Milchreis etc.
- Gesüßter Fruchtjoghurt
- Eiskrem
- Süße Milchmixgetränke
- Limo, Cola, Cola-Mix, süßer Sprudel etc.
- Gesüßte Fruchtdrinks, Fruchtnektar

3 Alles dreht sich um Glukose

Der Knackpunkt beim Dickwerden ist ganz einfach, dass Glukose per Express ins Blut gelangt und zu den Körperzellen verfrachtet wird, also z. B. viel schneller als Aminosäuren (die kleinsten Eiweißbausteine) oder Fettsäuren. Der Grund: Diese kleinsten Grundsubstanzen der Kohlenhydrate setzen Stoffwechselprozesse in Zellen erst in Gang, bereiten sie vor. Deshalb müssen sie gewissermaßen bereits »vor Ort« sein, lange bevor schließlich andere Nährstoffe vom Blut in die so genannte extrazelluläre Flüssigkeit abgeladen und dort von den Zellen aufgesaugt werden.

Diese Eigenschaft haben Glukosemoleküle übrigens mit dem Vitamin-C-Molekül gemeinsam. Nicht umsonst ähneln sich beide Nährstoffe in ihrem chemischen Aufbau, sie sind beide Wegbereiter allen Lebens in unserem Körper, teilen sich deshalb auch Rezeptortürchen in der Außenhaut aller 70 Billionen Körperzellen. Ähnlich wie Vitamin C wird auch Glukose bereits beim Kauen in der Mundhöhle aktiv, die beiden außergewöhnlichen Biostoffe erreichen schon über die Mundschleimhaut das Blut oder – wie im Fall der von Enzymen abgespaltenen Glukose – vermitteln hormonelle Botschaften an Gefäßwände rund um Fettzellen; sie signalisieren, dass schon bald neue Nahrung für die Speckpolster eintreffen wird.

Alles dreht sich um diese kleinen Glukosepartikel. Sie füttern Zellen mit Powerenergie. Deshalb öffnen sich ihnen die Zellen so bereitwillig, nicht anders wie Babys, die hungrig und sehnsüchtig nach der lebensspendenden Muttermilch verlangen.

Doch auch Fettzellen öffnen sich unter dem Einfluss von Blutzucker. Beziehungsweise von Insulin, das ein anaboles Hormon ist und Triglyzeride in die Fettzellen einbaut. Schon zwanzig Minuten nach einer kohlenhydratreichen Mahlzeit saugen Zellen gierig Nährstoffe auf, steht der lipogenetische Mechanismus, der Fettmoleküle in die Reservepolster an Bauch, Hüften, Po und Oberschenkeln einbaut.

Deshalb macht eine einzige Trüffelpraline, eine einzige 0,33-Liter-Flasche Orangenlimo eine Fettfreisetzung aus Adipozyten biochemisch unmöglich. Viele Betroffene wissen nichts von diesen simplen natürlichen Vorgängen in ihrem Körper. Und bleiben verzweifelt – weil keine Schlankheitskur, kein Kalorienzählen, keine Glyx-Tabellen, kein Fasten hilft, von ihrem krankhaften Übergewicht herunterzukommen.

Die neue Carb-Diät – Resultat moderner Gesundheitsforschung – erlöst Sie von Ihrem Leiden, lässt die lästigen Extrapfunde schmelzen. Auf eine so unglaublich einfache Art und Weise, dass man nur staunen kann. Der Blick morgens auf die Fußbodenwaage beweist es ...

Der Dick-Dünn-Schalter

Es funktioniert wie mit dem Lichtschalter neben der Tür. Zu viel Glukose im Blut, also ein zu hoher Blutzuckerspiegel, bedeutet: Fett rein in die Fettmoleküle. Sinkt der Glukosespiegel auf normal, dreht man den Schalter also um, dann bedeutet dies: Fett wird zu Energie verheizt.

Dieser Dick-Dünn-Schalter ist von der Natur vor vielen Millionen Jahren in jeden von uns genetisch eingebaut worden. Bei vielen Menschen steht er ständig oder gar ein Leben lang auf »dünn«. So etwa bei Kindern, die ja meist schlank und voller Energie sind. Auch bei vielen Frauen und Männern, die sich gesund ernähren.

Die meisten Übergewichtigen freilich schalten ständig zwischen »dünn« und »dick« hin und her. In der Praxis sieht dies so aus: Kaum hat gerade mal die Fettschmelze, die Lipolyse, eingesetzt, schon kaut man an einem Schokoherzen mit Ingwer-Marmelade-Füllung. Da schnappt also der Schalter schon wieder um, von »dünn« auf »dick«. Was sich verheerender auswirkt: Nicht selten dauert es Stunden, ehe sich dieser Schlankheitsschalter überhaupt wieder betätigen lässt. Dann kommt es eben über Stunden hinweg zur Lipogenese, zum Einbau von Fettmolekülen in die Speckpolster.

Schließlich gibt es noch jene bedauerlichen Zeitgenossen, bei denen der Körpergewichtsschalter ständig auf »dick« steht. Dies ist der Fall, wenn Glukose- bzw. Insulinwerte im Blut ständig zu hoch sind. Da hilft dann wirklich nur eines: möglichst rasch anfangen mit dem Low-Carb-Programm »Fit und schlank mit gesunden Kohlenhydraten«.

Wer schlank werden will, muss umdenken

- Viele Jahre, jahrzehntelang, hat man uns weisgemacht, die Fettanteile in unserer Nahrung machen dick. Mit Hilfe moderner

High-Tech-Analyse-Geräte haben Wissenschaftler herausgefunden, dass dies nicht stimmt. Wer sich gesund ernährt, mit komplexen, gesunden Kohlenhydraten, darf Fett essen. Er wird nicht dick davon.

- Nicht das Fett ist der Bösewicht, sondern der Zucker. Selbst die mitunter zu Recht verpönten gesättigten Fettsäuren in Wurst, Hackfleisch, Hamburgern können zur Gesundheit beitragen. Ihre langkettigen Fettsäuren sind ein prächtiger Brennstoff für Muskelzellen. Im Herzmuskel, unserem aktivsten Muskel, liefern sie anhaltend Energie wie große Briketts. Mit der rasch verpuffenden Glukose als Heizmaterial kann dieser Muskel auf Dauer nicht viel anfangen.
- Der Dickmacher Nr. 1 ist der Zucker. Und zwar nicht deshalb allein, weil ein Überschuss an schnelllöslicher Glukose im Blut in der Leber zu Fettmolekülen umgebaut wird. Weitaus gewichtiger sind zwei weitere Faktoren: 1. Alles Süße, und auch der Konsum von hellen Mehlprodukten, baut innerhalb von wenigen Minuten hormonell die Einbahnstraße Fett auf, vom Darm über Blut und Leber zu den Fettzellen. Adipozyten sind dann zugesperrt, setzen keinen Depotspeck frei. 2. Die Glukose im Zucker hebt Insulin-Konzentrationen im Blut an. Und so lange die Werte an diesem Hormon erhöht sind, dürfen wir vom Abspecken nicht mal träumen.
- Wer wirklich rasch hässlich-schwabbelige Extrapfunde an Bauch, Hüften, Po und Oberschenkeln loswerden möchte, muss also umdenken: Nicht auf Fett konzentrieren, nicht auf Glyx-Tabellen, Kalorienzählen oder Fastenkuren. Was meist einzig und allein dick macht, sind zu hohe Glukose- oder Insulinwerte im Blut, verursacht durch den Verzehr von Süßem, süßen Getränken oder hellen Mehlprodukten.
- Dabei ist eines natürlich klar: Je mehr Fettes zusätzlich gegessen wird, desto fetter werden die Adipozyten. Erst gemeinsam mit Zucker wird auch Nahrungsfett zum bedrohlichen Feind unserer Gesundheit.

Was verloren geht, ist Wasser

»Ich ernähre mich praktisch nur von trocken Brot und Wasser und nehme trotzdem kein Gramm ab« – so oder ähnlich klagen viele übergewichtige Zeitgenossen. So mancher hat Dutzende Diäten ausprobiert – umsonst. Anfangs verliert man ein, zwei Kilo, doch leider handelt es sich dabei meist nicht um Körperfett, sondern um eine Kombination aus Glukose und Wasser.

Weil der Organismus mit vielleicht nicht mehr als 800 Kalorien am Tag auskommen muss, fehlt es an allen Ecken und Enden an Nährstoffen. Die in Muskeln gespeicherte Glukose ist rasch zu Energie verheizt. Und weil an jedem Glukosemolekül drei Moleküle Wasser anhaften, lässt sich leicht ausrechnen: 300 Gramm verbrannte Glukose + 900 Gramm Wasser = 1200 Gramm Gewichtsverlust.

»Meine neue Ananas-Diät wirkt!« strahlt der oder die Betroffene. »In zwei Tagen schon mehr als 1 Kilo runter!« Doch leider ist bei diesen 1,2 Kilo kein Gramm Fett dabei. Was verloren geht, sind Wasser und kostbare Glukose. Weil zudem der Nachschub an Biostoffen fehlt, beginnt der Organismus damit, Eiweißreserven, z. B. aus den Muskeln, abzubauen und zu verwerten. Wenn nämlich die lebensnotwendige Glukose zur Neige geht, weiß sich der Stoffwechsel in seiner Not zu helfen: Aus so genannten glukoplastischen Eiweißbausteinen kann er Blutzucker machen. Die dazu nötigen Aminosäuren holt er sich freilich aus Bindegewebe und Muskeln. Kein Wunder, dass sich dann Falten bilden, dass es vorzeitig zu Alterserscheinungen kommt … Kalorienreduzierte Diäten können also hässlich und krank machen.

Die Einbahnstraße Fett

Dass wir Süßes essen oder trinken, wissen unsere Fettzellen schon beim ersten Bissen und beim ersten Schluck. Glukoserezeptoren auf den Schleimhautzellen der Geschmacksknospen von Zunge und Gaumen sind auf diese Kennung spezialisiert, seit die Natur vor vielen Millionen Jahren die Säugetiere erfunden hat. Bei einem Neugeborenen an der Mutterbrust öffnet sich das komplette System der Transportwege für Nährstoffe, dementsprechend auch für Fett. Weil die Laktose, der Milchzucker, im Kolostrum, der Muttermilch der ersten Tage, besonders hoch konzentriert ist, schmeckt die Milch besonders süß. Die vielen enthaltenen Glukosemoleküle stimulieren außerdem die Freisetzung von Insulin in der noch kleinen Bauchspeicheldrüse des Babys. Dieses Hormon weitet die Blutgefäße – und nun darf noch mehr wertvolles Depotfett in die Fettzellen des Neugeborenen strömen.
Solange das kleine Mädchen oder der kleine Junge saugt, steht die Einbahnstraße Fett. Dies hat die Natur so zwingend vorgesehen. Ohne diesen Mechanismus gäbe es keine Säugetiere und auch keine Menschen auf der Erde. Denselben Mechanismus wecken viele Erwachsene, wenn sie Süßes essen oder trinken oder auch, wenn sie zu viel helle Mehlprodukte essen, wie z. B. Brötchen, Pizza, Kuchen, Pasta.

4 Enzyme helfen beim Dickwerden

Ohne diese kleinen Heinzelmännchen geht in unserem Körper gar nichts, sie sind quasi die molekülgroßen Minimotoren, die in jeder Stunde Billiarden und Aberbilliarden chemischer Reaktionen ermöglichen. Am liebsten helfen Enzyme beim Schlankwerden, es gibt aber auch Enzyme, die beim Füttern der Adipozyten kräftig mithelfen. Diesen kleinen Dickmachern haben Wissenschaftler die Bezeichnung Lipoprotein-Lipasen (LPL) gegeben.

Wir kauen also genüsslich an einem Gummibärchen, einem Cremebonbon oder einem Marzipantaler herum, da vermelden Geschmacksrezeptoren über hormonelle Telefonleitungen den Gefäßwänden rund um die Fettzellen: »Fertig machen zum Einbau von Triglyzeriden!« Da sind die süßen Bestandteile der Nascherei noch gar nicht im Magen oder im Darm angelangt. Schon regen sich Billionen, Billiarden solcher LPL-Enzyme, während gleichzeitig weitere Billiarden in größter Eile synthetisiert werden. Die LPLs warten in den Gefäßwänden, dass Fettbestandteile angeströmt kommen, von der Leber umgeformt aus Glukose. Gleichzeitig öffnen sich Rezeptortürchen von Fettzellen, um die frische Fracht aufzunehmen. »Wieso kann ich nicht abnehmen?«, fragt sich da so mancher, »das bisschen Schokolade kann doch nicht dick machen …«

Das LPL-Geheimnis

- Erst werden mal alle 70 Billionen Körperzellen ausgiebig mit Glukose gefüttert. Wenn sie alle satt sind, wird der Überschuss an Blutzucker in der Leber zu Triglyzeriden umgewandelt und in Richtung Fettzellen verschickt. Damit die kostbare Rohstofffracht auch bis zum letzten Molekül gehortet wird, werden Glukosemoleküle mit Hilfe von Insulin auch unmittelbar in Fettzellen eingeschleust, dort in Glyzerinphosphat umgewandelt und mit jeweils drei Fettsäuren zu einem Speichermolekül zusammengeschweißt. Daher rührt auch die Bezeichnung Triglyzeride.
- Die winzigen LPLs trennen solche Triglyzeride, die im Blut schwimmen, in ihre Bestandteile, also in Glyzerin und Fettsäuren. Nur in Form ihrer Einzelteile finden sie nämlich Zugang in die Speckpolster. Im Innern der Fettzellen werden die Fragmente dann wieder zusammengeknüpft – und es entstehen wieder Triglyzeride. All dies geschieht mit Hilfe von Insulin. Dieses Dickmacherhormon ist schließlich reichlich im Blut konzentriert, solange wir Süßes essen oder trinken.
- Ohne reichlich Insulin im Blut gäbe es gar keine LPLs, demnach könnte man gar keine Extrapfunde ansetzen. Im Gegenteil, ohne das Bauchspeicheldrüsenhormon setzen Fettzellen nur allzu gern ihren Inhalt frei – damit er in Körperzellen zu Energie verheizt werden kann.
- Insulin und LPLs bilden also die strategische Einheit beim Zunehmen. Oder anders herum ausgedrückt: Süßes, süße Getränke und fetteinbauende Enzyme sind im Wesentlichen dafür verantwortlich, dass bei uns bald jeder Zweite übergewichtig ist, jeder Fünfte fettleibig.

Rapider Fettabbau

Wenn ein Mensch ein Auto reparieren möchte, sollte er ein wenig Bescheid wissen, was in einem solchen Fahrzeug alles drinsteckt. Nicht anders verhält es sich, wenn ein Mensch seinen Körper »reparieren«, also z. B. sein ursprüngliches Idealgewicht wiederherstellen möchte. Es ist dann sicher hilfreich, wenn er auch einen Eindruck davon hat, wie seine Fettzellen funktionieren.

Die sind nämlich alles andere als winzige Säckchen, die man entweder leert oder voll stopft, sondern sie haben ein eben solch betriebsames Innenleben wie alle anderen Körperzellen auch: Nerven-, Bindegewebs-, Muskelzellen usw. So bestehen Fettzellen zu einem erheblichen Teil aus Eiweiß, sie speichern nicht nur Triglyzeride, sondern auch Vitamine, und sie enthalten bis zu acht Prozent Wasser.

Die Lipogenese, der Einbau von Fett in Fettzellen, ist ein vergleichsweise gemächlicher Vorgang. Das Freisetzen von Fett funktioniert bis zu 4000-mal schneller. Auch dies hat die Natur so eingerichtet: Wenn ein Tier oder ein Mensch zu großen, lang anhaltenden Kraftanstrengungen gezwungen ist, z. B. auf der Flucht, oder wenn er sich auf der Jagd befindet, muss der Energierohstoff Fett den Muskeln in erheblichen Mengen rasch zur Verfügung gestellt werden. Deshalb werden in der Fettzelle in unbeschreiblichem Tempo und Multiplikation Billionen Dienermoleküle rekrutiert, die – bildlich gesprochen – zur Schaufel greifen und Fettmoleküle in die angrenzenden Blutgefäße befördern.

Fettzellen sind gar nicht böse

Die Moleküle, die mithelfen uns schlank zu machen, werden als Second Messengers bezeichnet (deutsch: zweite Boten), die wichtigsten von ihnen sind so genannte cAMPs (cyklisches Adenosinmonophosphat), die überall in unserem Körper wichtige chemische Vorgänge beschleunigen. Ein Beispiel: Bei plötzlichem Stress kann ein einziges Stresshormonmolekül (z. B. Adrenalin oder Glukagon) in der Leber 100 Millionen Glukosemoleküle freisetzen, also Kohlenhydrate, die von den Muskeln dann verheizt werden und in ihnen Energie erzeugen. Gleichzeitig öffnen sich Fettzellen, um Lipide (Fettstoffe) als potenteren Energiebrennstoff nachzuschieben.

Die Tatsache, dass die Fettfreisetzung im Bedarfsfall so reibungslos und rasant funktioniert, ist eine der besten Nachrichten für übergewichtige Zeitgenossen. Sie beweist auch, dass Fettzellen überhaupt nicht böse sind. Sondern dass sie lediglich im Auftrag der Natur handeln – sei es beim Dick- oder beim Schlankwerden.

KAPITEL III

Ein Blick in unseren Fettstoffwechsel

- Unser Körper braucht dringend Fett
- Was Frauen von Männern unterscheidet
- Auch Fettzellen wollen schlank sein
- Grizzlybären lieben Süßes
- Die beste Schlank-Droge: zuckerfrei essen
- Auch Schlaf und Ruhe helfen mit
- Die meisten Diäten machen dick
- Pro Monat zehn Prozent Extraspeck verlieren

1 Unser aufregender Fettstoffwechsel

Wenn Wissenschaftler Körperfett meinen, sprechen sie von Lipiden, also von Fettstoffen. Von denen gibt es eine ganze Menge unterschiedlicher Substanzen, und sie erfüllen auch die unterschiedlichsten Aufgaben. Ohne Lipide könnten wir Menschen nicht leben, zu viele aber von ihnen machen übergewichtig oder dick, außerdem schmälern sie meist die Lebensqualität. Bei der Partnersuche haben die Schlanken oft größere Chancen, beim Vorstellungsgespräch im Büro des Personalchefs ebenfalls. Viele Unternehmen geben gar die Einstellungsdevise aus: Unsere Mitarbeiter sollen schlank sein. Denn wissenschaftliche Studien haben ergeben: Frauen und Männer mit Idealgewicht und ohne Hüftspeck leisten mehr, sie sind sportlicher, belastbarer, im Allgemeinen auch engagierter.

Warum unser Körper dringend Fett braucht

Die Natur hat noch nie einen Basisstoff hervorgebracht, der schädlich wäre. Wir Menschen bestehen vorwiegend aus Wasser, Eiweiß, Kohlenhydraten, Mineralien (wie Kalzium oder Phosphor) und Fett, mit kostbaren Zutaten wie Vitaminen oder Spurenelementen. Wenn Lipide, also Fett, für die Natur gesundheitsschädlich wären, hätte die Natur sie gar nicht erfunden. Im Gegenteil: den Fettstoffen verdanken wir es unter anderen, dass wir überhaupt so aktiv am Leben teilnehmen und uns daran erfreuen können.

- Fett bildet wichtige Schutzpolster für die Organe wie Herz, Nieren, Leber, Milz usw.
- Am wichtigsten sind solche kuscheligen Speckpolster natürlich für die heranwachsenden Embryos im Mutterleib, die Stöße und Püffe gar nicht vertragen können. Dies ist der Grund, weshalb Mädchen und junge Frauen bis zu zwanzig Prozent Fett ansetzen, Jungen oder junge Männer hingegen nur acht Prozent.
- Die Membranhüllen rund um unsere 70 Billionen Körperzellen müssen fettreich sein, also Wasser abweisend. Nicht anders wie die feste fettreiche Schale einer roten Tomate rund um das wasserreiche Fruchtfleisch. Ohne Lipide in der Zellschutzhülle würden Zellen sofort austrocknen.
- Unser Organismus produziert Tag und Nacht lebensnotwenige Gewebshormone aus Fettsäuren: so genannte Prostaglandine, Leukotriene oder Thromboxane. Sie sind die heimlichen Helfer bei der Steuerung von Muskelreflexen, Glückshormonen, von Blutdruck, der Produktion von Magensaft und Drüsensekreten. Beim Immunschutz spielen sie eine bedeutende Rolle, so etwa bei der Entstehung von Fieber, Schmerzen und Entzündungen, die ja allesamt Komponenten unserer inneren Selbstheilung sind.
- Lipide sind aber auch Bestandteil von Hormonen, außerdem transportieren sie die lebensnotwendigen fettlöslichen Vitamine A, D, E und K.

Wissenswertes über Fett

- Wir Menschen nehmen täglich etwa 100 bis 150 Gramm Fett mit der Nahrung zu uns. Etwa 95 Prozent davon in Form von Triglyzeriden.
- Diese Fettmoleküle sind in der Natur weit verbreitet. Sie bilden tierisches Fett, sind aber auch in Pflanzen enthalten. So z. B. in Lezithin.
- Knapp zwei Prozent unseres Körperfetts bilden so genannte Phospholipide. Sie sind von der Natur in ihrem chemischen Aufbau sehr fein komponiert, spielen für den Cholesterin-Stoffwechsel, speziell aber für unsere Gehirn- und Nervenzellen, eine bedeutende Rolle.
- Triglyzeride füttern unsere Muskeln mit Energiebrennstoff. Weil unser Herzmuskel der mit Abstand aktivste Muskel ist, kann der auch am meisten solcher Fettmoleküle verheizen.
- Wenn Triglyzeride erst mal in den Speckdepots an Bauch, Hüften, Po und Oberschenkeln landen, sind sie nur noch Speicherfett. Am normalen Stoffwechsel nehmen sie nicht mehr teil. Sie können dann freigesetzt und zu Zellenergie verwertet werden. Dies kann freilich sehr schnell gehen, am leichtesten mit Hilfe des Low-Carb-Programms »Fit und schlank mit gesunden Kohlenhydraten«.
- Wenn wir Triglyzeride in Muskeln zu Energie verbrennen, machen sie fit und schlank. Wenn wir sie als Reservebrennstoff in Fettdepots horten, machen sie übergewichtig und dick. Sie spielen dann keine andere Rolle als etwa das Heizöl im Tank unseres Reihenhauses.
- Es sind hauptsächlich der Zucker, alles Süße und süße Getränke, die die genetische Aufgabe der Triglyzeride in unserem Organismus zweckentfremden und aus einem lebenswichtigen, guten Nährstoff einen gesundheitsschädlichen machen.
- Ganz ohne Nahrungsfett trocknet unser Körper aus. Wir verlieren unsere Energie, werden müde, nervös und krank.

Interessantes über Fettsäuren

Die Lipide, die wir mit der Nahrung zu uns nehmen, z. B. in Butter, Sahne, Pflanzenölen oder Fleisch, bestehen vorwiegend aus Fettsäuren. Nahrungsfette werden also in Magen und Darm gespalten, und es entstehen die kleinen Bauteile, die Fettsäuren. Unterteilt werden sie in gesättigte und ungesättigte Fettsäuren. Wer seines Übergewichts überdrüssig ist, seinen Schwabbelbauch vorm Spiegel als nun endgültig überflüssig betrachtet, sollte sich ein wenig für die Natur gesättigter und ungesättigter Fettsäuren interessieren.
Man darf sich solche Fettsäuren als gespreizte Moleküle mit winzigen Ärmchen vorstellen, die sich auf der Suche nach einem Partner ausstrecken. Wenn sie mit einem Partner besetzt sind, sind sie satt, also gesättigt, sie brauchen deshalb im Stoffwechsel unseres Organismus nicht weiterzusuchen. Weil sie kein Interesse an Bindungen oder chemischen Reaktionen haben, werden sie meist als Triglyzeride in den Bauchspeck abgeschoben. Sie sind vorwiegend in Fleisch, Hackfleisch, Wurst, Käse oder ähnlichen Produkten enthalten.
Auch die ungesättigten Fettsäuren haben solche Ärmchen, die sich sehnsüchtig nach einem Partner im Stoffwechsel ausstrecken. Für sie hat sich aber noch keiner gefunden, deshalb sind ihre Ärmchen ungesättigt – und dementsprechend sind sie hungrig auf chemische Reaktionen und Verbindungen. Ganz klar, dass diese ungesättigten Fettsäuren in unserem Stoffwechsel eine lebendigere Rolle spielen und dass es gesund ist, wenn wir sie reichlich auf dem Teller haben. Enthalten sind sie vor allem in Pflanzen, also auch in Pflanzenölen, sowie in Kaltwasserfisch.

Die gesunde Mischung

- Gesättigte Fettsäuren machen dick, ungesättigte helfen beim Abspecken.
- Unser Stoffwechsel, speziell unsere Muskeln, braucht aber auch die gesättigten Fettsäuren, wir dürfen auf diese Energielieferanten nicht ganz verzichten.
- Ideal ist die Kombination aus jeweils einem Drittel gesättigter und zwei Dritteln ungesättigter Fettsäuren in unserer Gesamtaufnahme von Nahrungslipiden.
- Aus dem Blickwinkel der Hausfrau gesehen, bedeutet dies: Ganz einfach lediglich mehr Fisch statt Fleisch auf den Tisch, in der Küche Pflanzenöle verwenden. Außerdem beim Einkauf im Supermarkt oder Naturkostladen die Augen auf bei der Suche nach pflanzlichen Lebensmitteln, die fettreich sind: Tofu, Mais, Bohnen, Oliven, Avocado usw.

Was Frauen von Männern unterscheidet

Mädchen bekommen ihre Menarche (die erste Menstruation) meist erst dann, wenn 15 Prozent ihres Körpers aus Fett besteht. So will die Natur sicher gehen, dass der Körper der Frau gut gepolstert ist und über ausreichend Fettreserven verfügt, wenn erst einmal ein Baby im Bauch heranwächst. Es ist deshalb verständlich, dass sich Mädchen und Frauen eigentlich besonders vor dem Suchtgenuss nach Süßem hüten sollten. Das Gegenteil ist jedoch häufig der Fall. Woher diese verhängnisvolle Sucht nach dick machendem Zucker kommt, lesen Sie bitte später in diesem Buch. In der Schwangerschaft setzen Frauen noch mehr Fett an, sie werden mitunter sehr übergewichtig, tun sich später schwer, von diesem Extraballast loszukommen.

Jungen setzen hingegen – statistisch gesehen – bis zu ihrer Pubertät nur etwa acht Prozent ihres Körpergewichts in Fett an. Um zu überleben, genügt ihnen ein Körperfettanteil von drei Prozent, Frauen benötigen hingegen rund zwölf Prozent, um gesund durchs Leben zu kommen.

Frauen nehmen also schneller zu als Männer – und sie tun sich leider auch schwerer, von ihrem Übergewicht herunterzukommen, als Männer. Darüber hinaus leiden sie auch noch unter einem eventuellen Übergewicht mehr als ihre männlichen Zeitgenossen, denen ein paar Pfund mehr unter der Gürtelschnalle nicht so viel Verdruss bereiten. Inzwischen gibt rund die Hälfte unserer Frauen über 40 Jahre an, dass sie Übergewicht haben oder zumindest zu viel wiegen. Bei Männern liegt diese Quote gerade mal bei 42 Prozent.

2 Auch Fettzellen wollen schlank sein

Diese Adipozyten, wie sie von Wissenschaftlern genannt werden, sind ganz begeistert vom Low-Carb-Programm »Fit und schlank mit gesunden Kohlenhydraten«. Wenn sie lesen könnten, würden sie sagen: »Endlich mal eine Schlankheitskur, die wirklich hilft!«

Sie leiden nämlich oft darunter, dass sie ihrem genetischen Auftrag so pflichtgetreu nachkommen und all das viele Fett in sich hineinstopfen, das ihnen die LPL-Enzyme mit Hilfe von Zucker und Insulin anliefern. Auch Fettzellen haben nämlich ein Idealgewicht – und dies seit vielen Millionen Jahren, seit der Zeit, als unsere Vorfahren und Urahnen noch Schimpansen waren.

Der durchschnittliche Fettgehalt in einer der rund 100 Milliarden Fettzellen eines normalgewichtigen Menschen beträgt zwischen einem halben und 0,8 Mikrogramm, also Millionstel Gramm Triglyzeride. Mitunter steigt der Fettanteil auf bis zu 1,2 Mikrogramm, dann sind die Fettzellen nicht so glücklich.

Alaska-Bären lieben Süßes

Schließlich verfügen schlanke Menschen über weitere etwa 100 Millionen so genannte Präadipozyten, das sind noch leere Fettzellen mit einem Gehalt an Triglyzeriden von weniger als

0,1 Millionstel Gramm. Wenn sich ein Mensch gesund ernährt, bleiben diese Reservezellen ein Leben lang leer. Bei Fehlernährung und mangelnder Bewegung aber können sie sich ebenfalls im Laufe von Jahren oder auch nur Monaten füllen. Es ist jene Kategorie an Fettzellen, die z. B. Murmeltiere, Grizzlybären oder andere Tiere haben, die sich vor einem lang anhaltenden Winter noch Speckreserven anfressen müssen, damit sie bis zum Frühjahr in ihrer Höhle nicht verhungern. Alaska-Bären sind deshalb ganz wild auf Honig, weil der enthaltene Fruchtzucker tüchtig mithilft, gelbliche Fettmoleküle in ihre umfangreichen Speckpolster hineinzustopfen. Es handelt sich um denselben biochemischen Mechanismus, der auch uns Menschen mit Hilfe von Zucker und Süßem übergewichtig oder dick macht. Zwar ist Fruchtzucker, die Fruktose, in geringen Mengen, wie z. B. beim Verzehr süßer Weinbeeren oder Birnen, eher gesund – zu viel aber verhilft auch uns zu einem lästigen Fetteinbau in der Bauch- und Hüftregion.

Fettzellen können unersättlich sein

Entsprechend dem Gebot der Natur können Adipozyten praktisch jede Menge Fett aufnehmen, in sich hineinquetschen. Gesteuert wird dieser Vorgang von einem so genannten ob-Gen (von englisch Obesity = Fettleibigkeit) im Zellkern. Dieses Gen kann geringfügig mutieren, sich verändern und somit den Organismus auf eine hohe Fettaufnahme programmieren. Ihm verdanken extrem Fettleibige ein Übergewicht von 50 oder gar mehr Kilo. Die gute Nachricht: Das Gen ist im Prinzip gutmütig, es mutiert bei gesunder Kost gewissermaßen zurück, wird dann zum Schlankheitsgen, das eben – anstatt den Einbau von Fettmolekülen – die Lipolyse, also die Fettfreisetzung, aktiviert. So manche gesunde Stoffwechselaktion in unserem Körper lässt sich tatsächlich per Knopfdruck oder mit einem Schalter steuern.

In Babys, bei heranwachsenden Kindern und sogar noch bei Erwachsenen kann sich die Anzahl der Fettzellen vermehren. Während andere Zellen nur begrenzt Nährstoffe speichern können, sind Adipozyten bei Bedarf unersättlich. Je mehr Triglyzeride sie speichern, desto größer werden sie. So können am Ende die Fettzellen eines fettleibigen Menschen hundert Mal größer sein als die seines Nachbarn daheim, im Büro oder in der U-Bahn.

Wenn schlanke Mädchen dick werden

- Da stehen also zwei 14-jährige Mädchen – beide gertenschlank. Man könnte Wetten abschließen, dass sie beide bis an ihr Lebensende ihren hübschen Körper behalten und nie übergewichtig oder dick werden.
- Doch eines der beiden Kinder verfügt schon über die zweieinhalb- oder dreifache Menge an Fettzellen, was man ihm freilich nicht ansieht. Es ist damit für Übergewicht disponiert, sollte sich deshalb mehrere Jahre lang besonders gesund ernähren.
- Doch leider: Pizza, Mohrenköpfe, Schokolade, Limo, Chicken Wings, Schoko-Waffeln, Eisbecher, Cola usw. bauen die »Einbahnstraße Fett« auf. Tag für Tag, über Monate, Jahre hinweg, strömen Triglyzeride über diese Autobahn des Fetteinbaus in die bereitstehenden Fettkammern an Bauch und Hüften.
- Zehn Jahre später: Wieder stehen die beiden nebeneinander, nun als junge Damen. Die eine immer noch schlank – die andere mit sechs Kilo Übergewicht …

---

3 Abspecken leicht gemacht

Alles Gute, was sich in der Natur vollzieht, geschieht auf einfache Weise. Was unsere Nährstoffverwertung angeht, gilt die schlichte Regel:

- Wir nehmen Nahrung auf,
- wir behalten davon, was wir für unseren Stoffwechsel brauchen,
- wir scheiden aus, was übrig bleibt.

Dies ist das Schlankheitsprinzip, seit Millionen Jahren, bei allen Tieren, allen Menschen, selbst bei allen Pflanzen. Das Low-Carb-Programm »Fit und schlank mit gesunden Kohlenhydraten« führt zu den genetischen Wurzeln des Idealgewichts zurück. Mit einer simplen Anleitung: ganz einfach wieder essen wie die Neandertaler.

Auf dem Außenhäutchen unserer Fettzellen gibt es zwei verschiedene und gewichtsentscheidende Typen von Rezeptoren:

- Alpha-2-Rezeptoren, die den Fetteinbau stimulieren, und
- so genannte beta-adrenerge Rezeptoren, die dafür sorgen, dass Triglyzeride aus Fettzellen freigesetzt werden.

Beide Rezeptoren werden durch Enzyme aktiviert sowie über die schon erwähnten cAMPs, kleine Dienermoleküle, die entweder Fett in die Zellen verfrachten oder es hinaus befördern – je nachdem, wie ihr augenblicklicher Auftrag lautet. Dieser Auftrag wird vorgegeben durch das, was wir essen und trinken.

Wenn wir uns gesund ernähren, sind die adrenergen Rezeptoren aktiv, die Fettzellen entleeren. Wenn wir Zucker und Süßes essen oder trinken, öffnen sich innerhalb weniger Minuten die alpha-2-Rezeptoren. Die Folge: Billiarden winziger cAMPs schaufeln mit Hilfe der schon erwähnten LPL-Enzyme Fettmoleküle ins Speckgewebe.
Wir sollten uns stets bewusst sein: Nicht Fett macht fett, sondern die Zuckermoleküle, die gleichzeitig konsumiert werden. Es ist alles ganz einfach. Abspecken zählt zu den simpelsten Stoffwechselvorgängen, die es überhaupt gibt.

Jeder Übergewichtige hat sein eigenes Fettproblem

Die adrenergen Rezeptoren im Fettgewebe reagieren gut auf Stressimpulse, also auf Stresshormone. Wenn wir also körperlich oder mental aktiv sind, produzieren Nerven und Drüsen Stresshormone, die Fettmoleküle freisetzen. Die Extrapfunde Fett sitzen aber bei den meisten Menschen an unterschiedlichen Stellen. Der Grund: Jeder übergewichtige Mensch hat seine Speckdepots individuell aufgebaut, mit Hilfe unterschiedlicher Rezeptoren.
Triglyzeride, also Fettmoleküle im Speckbauch, liegen nicht leblos wie Briketts im Kohlenkeller herum, sondern werden in der Zelle höchst aktiv hin und her verfrachtet. Wenn so ein Triglyzerid abgebaut wird, wird sein gesamter Glyzerinanteil aus der Fettzelle entfernt, ein Teil seines Fettsäurenanteils aber verbleibt in der Zelle. Diese Fettsäuren werden wieder verwendet, um neue Fettmoleküle in der Fettzelle zusammenzuknüpfen. Je nachdem, welcher Rezeptoren-Typ der jeweilig

betroffene Zeitgenosse ist, sind seine Fettzellen an bestimmten Körperpartien besonders aufnahmebereit:

- am Bauch (das so genannte abdominale Fett),
- am Po (das gluteale Fett),
- an den Hüften,
- an den Oberschenkeln.

Im glutealen Fett, also im Gesäßbereich, sammeln sich meist mehr alpha-2-Rezeptoren, deshalb nehmen viele Übergewichtige zunächst eher im Bauchbereich ab. Es gibt aber auch dicke Menschen, die eine enorme Häufung an dick machenden alpha-2-Rezeptoren an Bauch und Hüften haben. Dies ist von Individuum zu Individuum sehr unterschiedlich. Auch so genanntes subkutanes Fett, das unter der Haut eingelagert ist, wird meist von alpha-2-Rezeptoren dominiert.

Die beste Droge: zuckerfrei essen

Immer wieder hört oder liest man von Medikamenten, die schnell schlank machen. Häufig ein trügerisches Versprechen – es gibt bislang keinen Wirkstoff, der aktiv und blockierend auf die alpha-2-Rezeptoren eines übergewichtigen Menschen einwirkt.

Lediglich im Labor, im Reagenzgläschen, haben Wissenschaftler dies geschafft. Sie haben Fettzellen mit alpha-2-Blockern und gleichzeitig mit Wirkstoffen behandelt, die Fett fressende beta-Rezeptoren stimulieren. Der Erfolg war vehement: Fettzellen wurden regelrecht weggefressen.

Wenn Menschen Übergewicht und gleichzeitig starke Herzprobleme haben, verschreiben Ärzte oft so genannte Beta-

Blocker. Sie wirken auf die erregenden beta-adrenergen Rezeptoren, dämpfen den Patienten demnach, sodass er sich nicht mehr so sehr aufregt – Hauptrisikofaktor für einen Herzanfall. Millionenfach verschriebener Beta-Blocker ist der Wirkstoff Propranolol. Weil Beta-Rezeptoren ja fettschmelzend wirken, erhöht dieser Beta-Blocker zwangsläufig die Gefahr, dass der Patient noch dicker wird. So entsteht ein bedrohlicher Teufelskreis.

Eine ganz natürliche Methode, alpha-2-Rezeptoren zu blockieren und Beta-Rezeptoren zu aktivieren, ist zuckerfrei essen. Dies kann jeder Betroffene auch ganz einfach mal ausprobieren. Versuchen Sie es mal mit dem Low-Carb-Testprogramm auf den folgenden Seiten. Sie werden möglicherweise begeistert sein.

Die Rolle der Bauchspeicheldrüse

- Dieses Organ reagiert sehr empfindlich auf alles, was wir essen und trinken. Entsprechend steuert es Enzyme für die Verdauung von Eiweiß, Fett, Kohlenhydraten und Nukleinsäuren bei.
- Wenn wir schnelllösliche Kohlenhydrate essen oder trinken (z. B. Süßigkeiten, süße Getränke, Pasta, weißer Reis), synthetisiert die Drüse große Mengen ihres Hormons Insulin und gibt sie ans Blut ab. Dieses Hormon ist lebensnotwendig, weil es Nährstoffe in Zellen einschleust. Es sperrt aber auch Fettzellen zu, hilft deshalb beim Dickwerden.
- Für Insulin gibt es in der Bauchspeicheldrüse ein Gegenhormon: Glukagon. Es wird stets dann aktiviert, wenn wir Hunger haben oder unter Stress stehen. Glukagon öffnet in der Leber Glykogenreserven (gespeicherte Glukose), wenn die entsprechenden Blutzuckerwerte zu niedrig sind.
- Bei Fehlernährung machen Bauchspeicheldrüsenhormone also dick, bei gesunder Kost schlank.

4 Stresshormone helfen beim Abspecken

Bei mentalem und körperlichem Stress muss unser Organismus mehr Energiebrennstoff verheizen, um den Mehrbedarf an Stoffwechsel-Power sicherzustellen. Zu diesem Zweck gibt es Stresshormone, die unverzüglich aktiviert werden. Sie allein haben die winzigen goldenen Schlüsselchen, mit denen Fettzellen aufgesperrt und ihr Inhalt freigesetzt werden kann:

- Glukagon (aus der Bauchspeicheldrüse),
- Noradrenalin (das Glückshormon),
- Adrenalin (wirkt erregend, aufputschend),
- Cortisol (der Wachmacher aus den Nebennieren),
- Wachstumshormon (macht nachts schlank und jung),
- Schilddrüsenhormone (kurbeln den Stoffwechsel an).

Tiere in freier Natur (und übrigens auch Pflanzen) verfügen über ein sehr sensibles Stresshormonsystem – einer der Gründe, weshalb sie ihr Leben lang schlank bleiben bzw. ihre Form nicht verlieren. Bei Stress aktivieren sie ihre Energieproduktion, oft innerhalb nur einer Sekunde. Im Ruhezustand erholen sich ihre Zellen, päppeln sich mit wichtigen Biostoffen auf. Auch in uns Menschen gibt es zwei ganz gegensätzliche Nervensysteme, die bei Stress bzw. im Ruhezustand wirksam werden. Wissenschaftler bezeichnen sie als sympathisches und als parasympathisches vegetatives Nervensystem.

Essen und Trinken ist nur eine Hälfte der Ernährung

Bei der Beurteilung, ob wir schlank oder übergewichtig sind, verlassen wir uns meist nur auf die Kriterien unseres Badezimmerspiegels und unserer Fußbodenwaage. Entscheidend ist aber nicht, was die schwarze Nadel auf dem Display anzeigt, sondern wie es in unserem Innern aussieht. Das Abspecken geht viel leichter und schneller, wenn wir ein wenig mehr über die geheimen Vorgänge in unserem Körper wissen.
Immer bei Stress schaltet unser Körper auf das sympathische vegetative Nervensystem. Zur Erläuterung: Vegetativ bedeutet, dass wir es mit unserem Willen nicht beeinflussen können. Wenn dieses Stress-System aktiviert ist, geschieht in unserem Körper Folgendes:

- Blutgefäße sind verengt.
- Herzfrequenz ist erhöht.
- Magen- und Darmtätigkeit sind gehemmt.
- Die Leber baut Glykogen ab.
- Die Insulinproduktion ist erniedrigt.
- Stresshormone aus Schilddrüse und Nebennieren werden dafür vermehrt synthetisiert.
- Libido, Potenz und generell Sex werden gehemmt.
- Nährstoffe in den Zellen werden zu Energie umgewandelt.

Auch das Ruhesystem hilft mit

Alle diese fein abgestimmten Mechanismen helfen beim Schlankwerden auf dem Weg zurück zur Bikini- und Badehosentraumfigur. Nichts anderes geschieht erstaunlicher Weise unter dem Diktat des gegensätzlichen Systems, des parasympathischen vegetativen Nervensystems:

- Blutgefäße sind erweitert.
- Herzfrequenz ist erniedrigt.
- Magen- und Darmtätigkeit sind angeregt.
- Produktion von Stresshormonen ist gehemmt. Ausnahme: Wachstumshormon.
- Gefäße im Schambereich erweitern sich, Blut strömt in die so genannten Pudendal-Arterien. Jetzt ist für die Natur die Zeit für Libido und Sex gekommen.
- Nährstoffe aus dem Nahrungsbrei werden vermehrt übers Blut den Zellen zugeführt und in sie eingeschleust.

Im Ruhezustand und besonders nachts, wenn wir schlafen und träumen, beherrscht uns dieser so genannte Parasympathikus. Fettzellen öffnen sich unter dem Stimulus von Wachstumshormonen und geben ihre Triglyzeride frei, die zu Energie verheizt werden. Die ist auch nötig, um so viele Zellen innerhalb weniger Nachtstunden zu reparieren und zu verjüngen.

Sowohl Sympathikus wie Parasympathikus sind bedeutende Schlankmacher der Natur seit Hunderten Millionen Jahren. Gestört wird ihr feines Zusammenspiel nur durch Fehlernährung – durch Lebensmittel, die nicht naturbelassen sind. Der schlimmste Dickmacher darunter ist Zucker, das weiße Kristall.

Kalorienarme Diät: Der beste Weg, dick zu werden

Eigentlich muss man mit unseren vielen übergewichtigen Mitbürgern Mitleid haben. Erst werden sie von der zuckerverar-

beitenden Industrie mit Schokoriegeln, Eisbechern und Limonade süchtig und dick gemacht. Dann preisen ihnen wieder andere Verführer sinnlose Diäten an, die anstatt schlank noch dicker machen.
Die Rede ist von kalorienarmen Schlankheitskuren, nach der antiquierten Formel: Wenn viele Kalorien zu Schwabbelpolstern führen, muss eine strenge Kalorienreduktion zum Fettabbau führen. Das Gegenteil ist jedoch der Fall. Abmagerungskuren machen noch dicker. Diesen Mechanismus hat die Natur übrigens schon vor Millionen Jahren so eingerichtet, also lange, ehe es überhaupt Menschen auf der Erde gab.
Bei Mangelernährung knausert der Stoffwechsel mit jedem Molekül Fett. Lieber setzt er seine Glukosereserven frei, danach Eiweißreserven in Muskeln und Bindegewebe. Die Folge: Die Kandidaten einer solchen Diät bekommen eine welke, schlecht gepolsterte Haut, Zellulitis und ein schlaffes Bauch- und Brustgewebe bilden sich aus, Arme und Beine verlieren ihre Muskeln, die Körperhaltung verschlechtert sich.

Interessante klinische Tests

Dass Abmagerungskuren meist den gegensätzlichen Effekt haben, macht seit Beginn des neuen Jahrtausends immer mehr Wissenschaftler neugierig. Fasten macht dick – ist dies wirklich möglich? Zellforscher haben in klinischen Untersuchungen interessante Entdeckungen gemacht.
Ein normalgewichtiger, 70 Kilo schwerer Erwachsener verfügt über ein bestimmtes Quantum an Energiereserven:

- 1800 Kalorien in Form von Glukose, also Blutzucker, bzw. gespeicherte Glukose, das so genannte Glykogen in der Leber und in Muskeln.
- Etwa 150 000 Kalorien in Form von Speicherfett, also Triglyzeriden in Fettzellen oder auch in Muskeln.

Aufnahmefähiger an Glukose sind unsere Zellen nicht. Viel mehr als 1800 Kalorien an Glukose gehen nicht rein. Anders sieht es bei den Fettreserven aus:

- Übergewichtige Zeitgenossen speichern bis zu 250 000 Kalorien in ihren Speckpolstern.
- Dicke Menschen speichern bis zu 350 000.
- Fettleibige Männer und Frauen schleppen 500 000 und mehr Kalorien in ihrem Schwabbelspeck mit sich herum. Von dieser Energiemenge könnte eine normalgewichtige Frau ein ganzes Jahr lang leben.

5 Nach der Diät zurück zum Übergewicht

In einer US-Studie wurden sechs dicke Kandidaten 25 Tage lang auf eine 450-Kalorien-Diät gesetzt. Sie verbrauchten in diesem Zeitraum 17 Prozent weniger Körperenergie, verloren aber nur drei Prozent Körpergewicht. Andere Studien kamen zu dem Ergebnis, dass ein massiver Gewichtsabbau von 25 Prozent dazu führt, dass es nach der Kur zu einer geradezu exzessiven Neuverfettung des Gewebes kommt.
In gegensätzlichen Tests stellte sich heraus: Wenn schlanke Versuchspersonen täglich 8000 Kalorien konsumieren und 15 Prozent ihres Körpergewichts zulegen, kehren sie nach der Studie innerhalb weniger Tage zu ihrem vorherigen Gewicht zurück. Jeder Mensch hat in seinem augenblicklichen Zustand also einen so genannten Set Point, ein Basisgewicht, zu dem er leicht wieder zurückkehrt.
Das Versprechen so mancher Diät-Päpste, innerhalb weniger Wochen fünf, acht, zwölf oder gar mehr Kilo abzunehmen, lässt sich deshalb nie und nimmer erfüllen. Der Extraspeck in Schwabbelpolstern muss schließlich Molekül für Molekül in Körperzellen zu Energie verbrannt werden. Und dies dauert seine Zeit. Die Regel lautet:

- Blutzucker wird schnell zu Körperenergie verheizt.
- Fett wird nur langsam abgebaut und als Energierohstoff verbrannt.

In 60 Tagen drei Kilo dicker

- So oder ähnlich sollten eigentlich die Schlagzeilen lauten, mit denen kalorienarme Diäten angepriesen werden. Sie machen nämlich eher übergewichtig als schlank.
- Wenn unser Organismus statt mit den gewohnten 2200 Kalorien täglich mit nur noch 750 Kalorien gefüttert wird, meldet er uns Hungergefühle. Wir stillen diesen Hunger mit dem, was die jeweilige Diät als Hauptrezept anordnet. Also essen wir tapfer zwei Kilo Ananas am Tag. Oder drücken mit zunehmendem Widerwillen acht Äpfel herunter. Wir leben nur noch von weißem Chinesenreis plus Magermilch. Oder kaufen – dem Diktat unserer neuen Schlankheitskur folgend – nur noch Gurken und Kartoffeln ein.
- Unser Stoffwechsel wird auf Sparflamme gesetzt, also gibt's auch nicht mehr so viel Nährstoffe in den Zellen zu verbrennen. Außerdem bauen unsere 70 Billionen Körperzellen Mitochondrien ab, die nur bakteriengroßen Brennkammern, in denen Glukose und Fett zu Zellenergie verbrannt werden.
- Im ganzen Körper werden zu allem Unheil schon spätestens am zweiten Tag Trillionen so genannter Ribosomen abgebaut – jene für die Fettverbrennung so unendlich wichtigen klitzekleinen Zellwerkstätten, in denen Enzyme Eiweißbausteine zu Proteinen zusammenknüpfen.
- Weil der Zellstoffwechsel also zwangsläufig auf vielleicht nur 70 oder gar nur 60 Prozent heruntergefahren wird, wird entsprechend auch nur 70 oder 60 Prozent an Energiebrennstoff beansprucht. Diesen Bedarf decken die Glukosereserven in Blut, Leber und Muskeln locker. Fettmoleküle in Speckpolstern werden gar nicht lange in Anspruch genommen.
- Gleichzeitig erinnert sich der Organismus an genetische Signale aus uralten Tagen: Wenn Nahrung fehlt, müssen Nährstoffe gehortet werden, speziell Fett. Denn Triglyzeride sind die einzigen Moleküle, die sich gut bunkern lassen – für Not- und Hungerzeiten. Andere Biostoffe, wie Kohlenhydrate, Eiweiß, Vitamine oder Mineralien, eignen sich als Vorrat nicht oder kaum. Was immer

jetzt an Nahrung irgendwie verwertbar gespeichert werden kann, wird zu Fett umgewandelt und im Bauch- und Hüftspeck zusätzlich eingelagert.

- Dies sind die Gründe, weshalb kalorienarme Diäten dick machen. Was immer man anfangs an Gewicht verliert – dieses eine Kilo, diese drei Pfund bestehen lediglich aus Wasser und Glukose.

Pro Monat zehn Prozent Extraspeck verlieren

Bei der Carb-Diät »Fit und schlank mit gesunden Kohlenhydraten« gilt die Regel: Man verliert pro Monat jeweils zehn Prozent des bestehenden Übergewichts. Bei zehn Kilo Übergewicht bedeutet dies ein Kilo, im folgenden Monat nimmt man von noch bestehenden neun Kilo Übergewicht 900 Gramm ab – und so weiter. Nach etwa elf bis zwölf Monaten sind die Speckpolster an Bauch, Hüften, Po und Oberschenkeln abgeschmolzen. Ein neues Körpergefühl entsteht, man fühlt sich mental und körperlich verjüngt.
Also ganz einfach mitmachen! Auf den nächsten Seiten geht es los.

KAPITEL IV

Carb-Diät: Fit und schlank mit gesunden Kohlenhydraten

- Selbsttest: Wie viele Kilo kann ich abnehmen?
- Weekend-Programm: Abspecken zur Probe
- Gesund essen – und der Körper hilft mit
- Das Sieben-Tage-Programm
- Ein Leben lang fit und schlank mit Low Carb
- Die gesündesten Lebensmittel
- Statt Salz lieber Kräuter und Gewürze
- Wasserreich essen hilft beim Fitwerden

1 Die Carb-Diät »Fit und schlank mit gesunden Kohlenhydraten«

Erst mal die spannendste Frage beantworten, mit einem Selbsttest: »Wie viele Kilo kann ich abnehmen?« Denn jedes Individuum hat seinen eigenen Fetthaushalt, seinen eigenen Stoffwechsel, seinen eigenen Körperbau. Elementare Unterschiede spielen eine Rolle:

1. Wie hartnäckig sitzen die Schwabbelpfunde im Gewebe?
2. Wie fest einprogrammiert ist die »Einbahnstraße Fett?«
3. Welchen Anteil am Übergewicht hat Wasser, nicht Fett?
4. Wo im Körper sitzen die Fettpolster?
5. Welchen Anteil am Übergewicht haben die Knochen, das Skelett?
6. Wie empfindsam reagieren Fettzellen auf Stressimpulse?

Beantworten Sie also alle Fragen ganz ehrlich und kreuzen Sie die Kästchen an.

Selbsttest: Wie viele Kilo kann ich abnehmen?

	Ja	Nein
1. Haben Sie – nach Ihrer Einschätzung – mehr als sechs Kilo Übergewicht?	☐	☐
2. Schwankt Ihr Körpergewicht häufig? Kann es geschehen, dass Sie innerhalb weniger Tage zwei Kilo oder mehr zunehmen?	☐	☐

3. Würden Sie lieber eine Tafel Schokolade als einen Apfel essen? ☐ ☐

4. Sind Ihnen steile Treppenaufgänge ein Gräuel? ☐ ☐

5. Sind Sie mit Ihrem äußeren Erscheinungsbild unzufrieden? ☐ ☐

6. Nehmen Sie Ihre Haupttagesmahlzeit abends ein? ☐ ☐

7. Frühstücken Sie »süß und salzig«? Also z. B. Wurst-, Käse- oder Schinkenbrötchen zum Kaffee oder Tee mit Zucker? ☐ ☐

8. Zählen Sie zu den Liebhabern von Nachmittagskaffee mit Kuchen? ☐ ☐

9. Ernähren Sie sich weitgehend von Fast Food? Also von Fertig- oder Mikrowellenprodukten bzw. Lebensmitteln in Dosen? ☐ ☐

10. Haben Sie mehr als drei kalorienreduzierte Schlankheitskuren hinter sich – und trotzdem zu viel Bauch- und Hüftspeck? ☐ ☐

Wenn Sie nur ein- oder zweimal mit Ja antworten, brauchen Sie sich um Ihr Körpergewicht keine Sorgen zu machen. Einfach gesünder essen und leben – das reicht. Bei drei- bis fünfmal ja laufen Sie Gefahr, dass Ihr Körpergewicht »entgleist« und

Sie bei Fehlernährung zusätzlich bedrohlich viel Zusatzspeck ansetzen.
Wenn Sie sechs bis acht Ja-Kästchen angekreuzt haben, wird es allerhöchste Zeit, die Einbahnstraße Fett umzudrehen, Ihre Lebenseinstellung und Ihr Gesundheitsbewusstsein zu korrigieren. Lassen Sie all die kleinen Laster und Sünden weg, die dick machen – dies reicht meistens schon aus. Und: Sie brauchen mehr Bewegung, mehr körperliche Aktivität. Bei neun- bis zehnmal ja müssen Sie unbedingt beim Low-Carb-Programm »Fit und schlank mit gesunden Kohlenhydraten« mitmachen. Die Devise heißt: Runter mit dem Bauchspeck – und zwar auf einfache und natürliche Weise. Schon nach wenigen Tagen zeigt sich der erste Erfolg. Danach macht das Abspecken richtig Spaß!

Das Weekend-Testprogramm

Gleich schon mal ausprobieren, wie effektiv Ihr Körper auf das Low-Carb-Programm reagiert. Dafür benötigen Sie ein Wochenende. Unter der Woche, im Alltagsstress, sind wir oft zu sehr auf die schnelle Küche angewiesen, auf Kantinen- oder Fertigkost. Im Restaurant wissen wir nie genau, auf welche Weise die Mahlzeiten zusammengestellt wurden, wie hoch der Anteil industriell hergestellter Zutaten oder entsprechender Beilagen ist. Ein Salat aus der Kaufhaus-Cafeteria mag hübsch und bunt aussehen – und doch schenkt er uns vielleicht nur halb so viele wertvolle Vitamine wie der Salat, den wir daheim selbst frisch und mit einem guten Öl und einem feinen Essig anrichten.

Also: Fürs erste Low-Carb-Weekend eingekauft und los geht's mit der Einstiegsphase.

Der Samstag

Morgens nach dem Aufstehen im Badezimmer unbekleidet auf die Waage und das Körpergewicht notieren – möglichst einigermaßen auf 100 Gramm genau.

Das erste Frühstück: kleine Obstschale, z. B. Banane, halber Apfel, Kiwi klein geschnitten, 1 TL Mandeln, Nüsse oder auch Rosinen druntermischen, Sonnenblumenkerne, Sahne.

Das zweite Frühstück: Das erste hat schon mal für einen kräftigen Nährstoffschub ins Gewebe gesorgt und den noch schläfrigen Stoffwechsel in Schwung gebracht. Jetzt regt sich berechtigter Hunger. Und? Was gibt es? Endlich Kaffee oder Tee mit Sahne oder Milch, aber ohne Zucker, Süßstoff ist erlaubt. Dazu 30 Gramm Schafs- oder Ziegenkäse, Tomaten- und Gurkenscheibchen, 1 hart gekochtes Ei, sechs Oliven, etwas Butter, Vollkornbrötchen.

Zwischengericht: Zu hungern braucht schließlich niemand beim Low-Carb-Programm. Also gönnt man sich einen Becher Kräuterquark plus Knäckebrot.

Mittags: Saisonsalat mit einem Dressing aus Zitronensaft, Essig und Öl. Danach Kartoffeln (am besten Biokartoffeln mit Schale), Spinat oder Brokkoli (auch aus der Tiefkühltruhe), etwas Butter, geröstete Mandeln. Schalen von Biokartoffeln kann man mitessen. Gemüse in wenig Wasser und kurz garen.

Nachmittags-Snack: Eine oder zwei Hand voll Trockenfrüchte, oder eine Banane oder eine Scheibe Pumpernickel mit Butter, Scheibe kalter Braten, garniert mit Diät-Majonäse.

Abends: Bunte Rohkostplatte, mit einem Dressing aus Essig und Öl angemacht, wahlweise garniert mit Thunfisch, mageren Schinkenstreifen, Hähnchenstücken (ohne Haut), Käsewürfeln, Krabben, Lachs, Räuchertofu oder Eischeibchen.

Trinken darf man tagsüber Obst- und Gemüsesaft, Kräutertees (eventuell mit Honig gesüßt), Wasser, Mineralwasser, Milch, Buttermilch, Kefir. Abends ist Alkohol in Maßen erlaubt: bis zu zwei Glas Wein oder ein Liter Bier.

Der Sonntag

Morgens erst mal wieder unbekleidet auf die Waage, Gewicht notieren.

Das erste Frühstück: Wie gehabt: eine kleine Früchteschüssel, nach Belieben zusammengestellt. Lassen Sie Ihre Phantasie spielen – dieses kleine Obstfrühstück wird Sie durch alle Low-Carb-Programme begleiten.

Das zweite Frühstück: Darauf darf man sich wieder so richtig freuen. Es gibt Kaffee erneut ohne Zucker, den Tee darf man mit Honig süßen. Gesunde Kohlenhydratspender sind Vollkornbrot, -brötchen, -toast oder ein gutes Knäckebrot. Butter ist erlaubt, dazu Eiweißreiches wie magerer Schinken oder kalter Braten, 50 Gramm Forellenfilet oder ein kleiner Krabbencocktail mit Ananasstücken und Diät-Majonäse, Gewürzgurke.

Zwischengericht: Halbe Avocado, zerquetscht und mit Zitronensaft, Salz und Pfeffer angemacht – oder ganz einfach so mit dem Teelöffel aus der Schale geschabt. Dazu Vollkorntoast oder Knäckebrot.

Mittags: Ein kleiner Salat vorneweg, wieder mit Essig, Öl, Zitronensaft angemacht. Danach 100 Gramm Meeresfisch nach Wahl (auch aus der Tiefkühltruhe), in der Pfanne gebraten, mit Zitronensaft und reichlich Kräutern, aber wenig Salz gewürzt. Dazu Naturreis und eine fettarme Soße nach Wunsch, z. B. auf Tomaten-, Curry- oder Senfbasis.

Nachmittags-Snack: Kaffee ohne Zucker, aber nach Belieben mit Süßstoff. Oder Tee, eventuell mit Honig gesüßt. Dazu fett- und zuckerarmer Kuchen bzw. Gebäck.

Abends: Zwei Rühreier, mit reichlich Schnittlauch garniert, Tofu-Würstchen aus der Pfanne, mit frischen Küchenkräutern oder Gewürzen delikat abgeschmeckt. Dazu gibt es Vollkornbrot oder Pumpernickel mit Butter.

Zu trinken gibt es wie tags zuvor. Wer spätabends noch Hunger bekommt, darf sich eine Hand voll Trockenfrüchte nehmen.

Der nächste Morgen, der Montag, beginnt spannend. Jetzt geht es nämlich abermals unbekleidet auf die Fußbodenwaage. Je nach Übergewicht haben Sie wahrscheinlich bereits an Gewicht verloren. Auch wenn dieser Gewichtsverlust noch geringfügig ist, dürfen Sie sicher sein: Ihr möglicherweise verkorkster Stoffwechsel ist in Schwung gebracht worden. Lipolytische Prozesse, also die Fettschmelze, laufen an.

2 Einfach gesund leben und essen

Es ist nur eine kleine Umstellung, als würde man das Bewusstsein auf einen anderen Sender, einen anderen Radiokanal einstellen. Wer Übergewicht hat, dick oder fettleibig ist, muss die Natur wiederentdecken. Die Vielfalt der Obst- und Gemüsesorten, das Gesundheits- und Schlankheitsversprechen dieser Bodenschätze, ihren Reichtum an kostbaren Biostoffen.

Im Supermarkt einfach mal nicht gleich mit dem Einkaufswagen nach hinten zum Fleisch- und Wurststand eilen, sondern vor dem Gemüsestand verharren. Eine Artischocke, eine Avocado liebevoll in die Hand nehmen, einen scheinbar nichtssagenden Kohlrabi, eine Rote Bete. Welchen Aufwand hat eine Pflanze getrieben, um im Laufe ihrer Reifezeit aus dem Nährwasser im Boden und mit Hilfe von Sonnenstrahlen solch großartige Früchte hervorzubringen. Ein Geschenk der Natur und der Sonne, die 150 Millionen Kilometer von uns entfernt ist – und uns doch so reich beschenkt.

Die Umstellung von dick auf dünn beginnt also im Kopf, in unserem Bewusstsein. Wenn wir erst den liebevollen Blick für die Schätze der Natur gewinnen, haben wir den ersten Schritt zur Idealfigur getan.

Wozu also unter lästigen Extrapfunden leiden, die man doch leicht loswird?

Unser ganzer Körper hilft mit

Abspecken ist – wissenschaftlich gesehen – nichts anderes als ein Selbstheilungsprozess des Körpers. Für unseren Organismus ist Übergewicht eine Krankheit, die überwunden werden muss, indem Schwabbelkilos ganz einfach abgeschmolzen werden. Da sind dann quasi alle rund 70 Billionen Körperzellen mit Begeisterung dabei:

- Hormone öffnen Fettzellen.
- Diener-Enzyme befördern Triglyzeride ins Blut.
- Zellen nehmen den Brennstoff begierig auf.
- Die Anzahl der Mitochondrien, der Energiebrennkammern, steigt sprunghaft an.
- Vitamine bilden mit Spurenelementen und Mineralien Co-Enzyme, die bei der Fettverbrennung in den Mitochondrien tüchtig mithelfen.
- Geist und Körper werden agiler, die Stoffwechselrate steigt – noch mehr Fett aus den Speckdepots wird in Lebensenergie umgewandelt.

Mit gesunden Kohlenhydraten schlank und froh werden (anstatt mit den falschen dick) – so lautet die Parole auch beim folgenden 7-Tage-Programm.

3 In sieben Tagen sieben Pfund weniger

Diesmal erstreckt sich das Fit- und Schlankwerden schon über eine ganze Woche und es macht immer mehr Spaß. Deshalb: Notizblock her und jeden Morgen das aktuelle Körpergewicht notieren.

Das erste Frühstück: Jeden Morgen gibt es ein kleines Obstschüsselchen, das Sie ganz nach Belieben zusammenstellen können: Äpfel, Birnen, Pfirsich, Beeren, Trauben usw., dazu 1 TL Nüsse, Samen, Kerne oder Keime, außerdem etwas Milch, Sahne oder Fruchtsaft.

Das zweite Frühstück: Etwa eineinhalb Stunden nach dem ersten Frühstück gibt es dampfenden Kaffee, schwarzen oder Kräutertee, zum Kaffee Süßstoff, zum Tee etwas Honig. Oder auch Milch, Kakao bzw. Ovomaltine.
Jetzt darf man auch richtig satt werden. Gewohntes Weißbrot, Brötchen oder Mischbrot werden ersetzt durch Vollkornbrot, Dreikorn- oder Mehrkornbrot, Vollkornbrötchen und -toast, Knäckebrot und Pumpernickel, bestrichen mit Butter.
Statt dem gewohnten süßen Aufstrich Umstellung auf Eiweißreiches: mageres Fleisch, Roastbeef, Zunge, Schinken. Dazu immer variiert Tomaten- und Gurkenscheibchen, Mixed Pickles, Gewürzgurke, Oliven, außerdem ein- oder zweimal in

dieser Woche ein oder zwei Eier in jeder Form. Ebenfalls empfehlenswert: eiweißreicher, also fett- und milchzuckerarmer Käse wie Schafs- oder Ziegenkäse.
Damit das zweite Frühstück abwechslungsreich wird, darf es auch Fisch geben, z. B. geräucherte Forelle oder anderen Räucherfisch, Krabben z. B. mit einem leichten Dressing und Nektarinenstückchen angemacht, aus der Dose Thunfisch, Krebs- oder Hummerfleisch. Auch Putenbrust oder Hähnchenfleisch eignen sich gut, allerdings ohne Haut, die eine wahre Cholesterin-Bombe ist.
Wenn Sie Ihrem Körper etwas Gutes tun wollen, werden Sie schon beim Frühstücken zum Vegetarier. Lassen Sie Fleisch, Geflügel, Fisch weg und ersetzen diese tierischen Lebensmittel durch Tofuprodukte, die es im Bio- bzw. Naturkostladen in reicher Angebotspalette gibt, als Würstchen, würziger Brotaufstrich, Räuchertofuscheiben usw. Mit etwas Salz, Pfeffer, Paprika, Gewürzen, Kräutern sowie Meerrettich, Olivenpaste oder Senf lassen sich mit Tofu köstliche Frühstücksgerichte zaubern.

Zwischengerichte: Nüsse, Kerne, Kastanien, Studentenfutter, Trockenfrüchte, Obst.

Mittags: Kleiner Salat vor der Hauptmahlzeit, Dressing nach Belieben. Anschließend eine Kombination von Eiweißreichem und gesunden Kohlenhydraten nach der Formel »20 Prozent Proteine, 80 Prozent Kohlenhydrate«. Kurz: ca. 80 Gramm Fisch, mageres Fleisch, Leber, Wild oder Geflügel ohne Haut. Noch gesünder: Tofu. Dazu kurz gegartes Gemüse oder Hülsenfrüchte nach Wahl sowie Salz-, Pell- oder Folienkartoffeln,

Naturreis, Buchweizen, Vollkornnudeln oder Hirse. Würzen mit Kräutern, Gewürzen oder leichten, fettarmen Soßen.

Nachmittags: Darf es zum Kaffee mit Süßstoff oder Tee mit Honig zucker- und fettarmes Gebäck geben.

Abends: Ist richtig kochen mit Phantasie erlaubt. Schmackhaftes unter Verzicht auf helles Mehl und Zucker. Z. B. Vollkorncrêpes mit Ahornsirup, Geflügelleber mit Kartoffelbrei, Putenschnitzel mit Wildreis, Chili con Carne, Fisch-Ragout mit Vollkorntoast, Forelle blau mit Spinat, Knoblauch-Garnelen mit gedünsteten Tomaten, Mozzarella mit Tomaten, Roastbeef-Röllchen mit Gewürzgurke und Diät-Majonäse usw. Stets nach dem Gebot: wenig Fett, wenig Salz, wenig Zucker.

Was darf man in dieser Woche trinken? Mineralwasser, Wasser, Bier und Wein in Maßen, Obst- und Gemüsesaft, Milch, Kräutertee.

Finger weg von Geflügelhaut

Warum ist die eigentlich so schädlich? Ganz einfach: In cholesterinhaltigen Hautzellen stimulieren Photonen (Sonnenstrahlen) die Produktion von Vitamin D, das verschiedene Aufgaben im Körper erfüllt. So z. B. Kalzium-Stoffwechsel (wichtig für starke Knochen und kräftig zubeißende Zähne), Muskeltätigkeit, Immunsystem und Nervenreize.
Die wichtigste Aufgabe dieses faszinierenden hormonähnlichen Stoffes aber ist es, im Auftrag der Sonne aus unseren Ge-

nen im Zellkern heraus Vitalimpulse zu stimulieren. Vitamin D wirkt dabei als so genannter Transkriptionsfaktor, zusammen mit Schilddrüsenhormonen und Vitamin A bildet es eine Art Elite von Biostoffen, der Wissenschaftler die Bezeichnung »Super-Family« gegeben haben. Anders als andere Moleküle, die jeweils zuerst an der Außenhaut der Zellen an den für sie bestimmten Rezeptortürchen anklopfen und um Einlass bitten dürfen, schlüpft Vitamin D sofort durch diese Schutzhülle – und auch noch gleich durch die innere Schutzmembran in den Zellkern.

Ohne die cholesterinhaltigen Hautzellen wäre dies nicht möglich, deshalb hat die Natur in Milliarden Jahren ihrer biologischen Evolution unsere Haut an die Berührung mit UV-Strahlen angepasst. Geflügel hat nun eine bekanntermaßen sehr dicke Haut – ganz einfach deshalb, weil darin ja die Federn stecken und Halt finden müssen. Deshalb ist die so verführerisch knusprig-leckere Haut eines Grillhendls oder der Weihnachtsgans eine echte Cholesterin-Bombe, vor der sich gefährdete Zeitgenossen hüten müssen.

Säfte am besten selber pressen

So ein Glas frisch gepresster Obst- oder Gemüsesaft ist Gesundheit aus erster Hand, mit einem enormen Reichtum an Vitaminen, Spurenelementen, Mineralien und Kohlenhydraten. Der wichtigste enthaltene Nährstoff: Wasser, in einer Zusammensetzung an Biostoffen, wie die Natur sie genetisch seit jeher für unseren Stoffwechsel und unsere Vitalität komponiert hat. Säfte strömen quasi im Eiltempo durch die Darm-

schleimhaut ins Blut, erfrischen die 70 Billionen Körperzellen und führen zu einem spontanen Energieschub.
Der einschlägige Fachhandel, aber auch Kaufhäuser, Reformhäuser und Naturkostläden bieten ein reiches Sortiment unterschiedlicher Pressen an, als Handpressen oder elektrisch betriebene Saftpressen – eine Investition, die sich in jedem Fall lohnt und die das Low-Carb-Abspeckprogramm aktiv unterstützt. Wer übergewichtige Kinder von der verhängnisvollen Sucht nach stark gesüßten Limo-, Cola- oder Mixgetränken befreien möchte, sollte in der Küche eine solche Saftpresse aufstellen. Nicht nur Kinder gewinnen bald eine Vorliebe für die kerngesunden fruchtzuckersüßen Beeren-, Birnen-, Trauben- oder Mischsäfte.
Mit Phantasie lassen sich immer wieder neue Kombinationen zusammenstellen. So etwa unter Säften aus ganz unterschiedlichem Gemüse wie Rote Rübe, Sellerie, Fenchel, Kartoffeln, Kohl oder Möhren. Mixturen heimischer und exotischer Fruchtsorten wie Äpfel, Brombeeren, Aprikosen, Kiwi, Papaya oder Mango. Auch Gemüse und Obst lassen sich trefflich zu einzigartigen Säften mischen. Schon mal einen Drink aus frischen Feigen, Avocado, Weintrauben, Kürbis und Auberginen probiert? Einfach köstlich gesund – und man nimmt dabei noch ab …

KAPITEL V

Ein Leben lang ohne Übergewicht

- Delikate Mahlzeiten selbst zusammenstellen
- Unser Stoffwechsel braucht Ordnung
- Stresshormone machen fit
- Der aktuelle Tipp: wasserreich essen
- Wenn sich im Bauchraum Wasser sammelt

1 Das ganze Jahr über fit und schlank

Unser Stoffwechsel sitzt in den Körperzellen, er ist die Summe eines 70-Billionen-fachen Zellstoffwechsels. In Tieren und Pflanzen läuft der Stoffwechsel stets auf 100 Prozent, weil sie sich gesund ernähren und das Jahr viel oder ausschließlich im Freien verbringen. Mehr kann man nicht tun und braucht man nicht zu tun, um schlank zu bleiben, bis ans Lebensende das Idealgewicht zu behalten. Dies ist ein Gesetz der Natur, unauslöschlich eingemeißelt in unsere Chromosomen mit ihren rund 30 000 aktiven Genen.

Bei Fehlernährung mit zu viel Süßem und süßen Getränken sinkt der Zellstoffwechsel in seiner Leistung sofort ab. Auf 90, 80, 70 oder weniger Prozent. Ist ja auch ganz klar: Zellen werden nicht mehr optimal gefüttert und gepäppelt. Der Nährstofftransport in die Zellen hinein stagniert, stattdessen kommt es zur Übersäuerung, Schlacken, Zellmüll, Säuren sammeln sich im Bindegewebe. Was aber entscheidender ist: Unsere Zellen verbrennen eben um zehn, zwanzig, dreißig oder mehr Prozent weniger an Energiebrennstoff, also an Glukose und an Fett.

Übergewicht? Dann machen Sie ganz einfach mit bei der Schlankheitskur der Natur: morgens, mittags, abends und zwischendurch nur noch fettschmelzende Lebensmittel essen und trinken.

Delikate Mahlzeiten selbst zusammenstellen

Morgens, mittags und abends oder auch zwischendurch naturbelassene Lebensmittel zu sich nehmen – so einfach funktioniert die Fettschmelze im Low-Carb-Programm »Fit und schlank mit gesunden Kohlenhydraten«. Um Ihnen die Auswahl zu erleichtern und eine Anleitung für die Zusammenstellung Ihrer Mahlzeiten zu geben, finden Sie in diesem Kapitel Listen sämtlicher Lebensmittel, die erlaubt sind. Sie werden darunter vielleicht das eine oder andere Nahrungsmittel entdecken, das bei Ihnen nie oder ganz selten auf den Tisch kommt – aber gerade besonders tüchtig beim Fettverbrennen mithilft. Betrachten Sie diese Listen deshalb auch als Erinnerung an so manches naturbelassene Lebensmittel, das Ihren Speiseplan bereichert und zu Ihrer Gesundheit und zu der Ihrer Familie beiträgt.

Das erste Frühstück: Absolutes Muss ist das kleine Obstschälchen, etwa so viel wie eine große Tasse. Wenn Sie frühmorgens keine Zeit haben, sich ein solches Früchtefrühstück anzurichten, weil Sie vielleicht berufstätig sind und Ihnen deshalb kaum Zeit zur Verfügung steht, genügt es auch, wenn Sie nur eine Banane essen – z. B. im Auto oder auf dem Weg zur Bushaltestelle. Prinzipiell aber gilt: Als allererste kleine Tagesmahlzeit brauchen Sie etwas Obst. Es ist wasserreich und transportiert schneller als alles andere belebende Vitamine und Glukose ins Blut, zu den Zellen und ins Gewebe. Nur so kann der noch schläfrige morgendliche Stoffwechsel in Schwung gebracht werden. Früchte sind grundsätzlich reich an gesunden Kohlenhydraten und enthalten keinerlei gesundheitsschädliche Kohlenhydrate oder andere Biostoffe.

Kernobst
- Äpfel
- Birnen
- Aprikosen
- Pfirsiche
- Pflaumen
- Quitten
- Renekloden
- Mirabellen
- Kirschen

Beeren
- Johannisbeeren
- Preiselbeeren
- Sanddorn
- Weintrauben
- Erdbeeren
- Himbeeren
- Brombeeren
- Hagebutten
- Blaubeeren (Heidelbeeren)
- Stachelbeeren
- Weintrauben

Exotische Früchte
- Zitronen
- Orangen
- Grapefruit
- Nektarinen (Mandarinen)
- Ananas
- Avocado
- Kiwi
- Litchi
- Bananen
- Cherimoya
- Feigen
- Datteln
- Papaya
- Mango
- Passionsfrucht

Gesunde Zutaten
- Pistazien
- Mandeln
- Kokosnüsse
- Haselnüsse
- Cashew-Nüsse
- Walnüsse
- Paranüsse
- Erdnüsse
- Sesamkerne
- Sonnenblumenkerne
- Kürbiskerne
- Weizenkeim

- Rosinen
- Studentenfutter

Zum Drübergießen
- Sahne
- Crème fraîche
- Joghurt
- Kefir
- Buttermilch
- Milch
- Fruchtsaft

Die Komposition Ihres ersten Frühstücks wird auch zum Streifzug durch die verlockende Welt der Früchte. Da kann sich Ihre Phantasie richtig schön austoben, während Ihre Speckpolster schrumpfen. Außerdem dürfen Sie sich auf Ihr zweites, Ihr »richtiges« Frühstück freuen, mit dem Sie jetzt – etwa 60 bis 90 Minuten später – Ihren Hunger und Appetit stillen können.

Das zweite Frühstück: Nun dürfen Sie nach Herzenslust Ihrer Gewohnheit nachgehen und Ihr Lieblingsfrühstück genießen. Allerdings möglicherweise einige Abstriche machen: keinen Zucker in den Kaffee, Süßstoff ist jedoch erlaubt, ebenso wie Honig im Tee. Milch oder Kakao gibt es ebenfalls ohne Zucker. Verzichten müssen Sie auf Wurst, fetten Schinken und fetten Käse sowie auf Brötchen, helles oder Mischbrot und auf Weißbrot. Trotzdem bleibt Ihnen eine Fülle naturbelassener Lebensmittel, mit denen Sie sich ein leckeres zweites Frühstück zaubern können

Gesunde Kohlenhydrate
- Vollkornbrot, Mehrkornbrot oder -brötchen
- Pumpernickel
- Vollkorntoast
- Knäckebrot
- Haferflocken, Hafer-, Gersten- und Buchweizengrütze
- Bio-Cereals

Proteinreiches

Fisch, Meeresfrüchte:
- Krabben
- Garnelen
- Hummerfleisch
- Kaviar
- Aal
- Lachs
- Räucherfisch (z. B. Forelle, Hecht, Rotbarsch, Sprotten)
- Thunfisch
- Matjes, Salzhering
- Krebsfleisch
- Miesmuscheln
- Austern
- Tintenfisch

Fleisch, Geflügel:
- Magere Zunge
- Magerer Schinken
- Bündner Fleisch
- Kalter Braten
- Roastbeef
- Tatar
- Geflügelleber, Leber
- Putenfleisch
- Hähnchenfleisch (ohne Haut)
- Entenbrust

Vegetarisches
- Tofu; Sojaprodukte
- Avocado
- Artischockenherzen
- Mixed Pickles
- Oliven
- Gewürzgurke
- Gurken
- Tomaten
- Zwiebeln
- Knoblauch

Milchprodukte etc.
- Butter
- Käse bis 40 Fett i. Tr.
- Quark
- Frischkäse
- Joghurt
- Ahornsirup
- Melasse
- Honig
- Ungesüßte Marmeladen oder Konfitüren
- Margarine
- Olivenpaste, Tofuaufstrich usw.
- Eier

Sie dürfen ganz nach Belieben das Jahr über Lebensmittel aus diesen Listen für Ihr zweites Frühstück zusammenstellen. Als Getränke können Sie auch Milch, Kefir, Buttermilch, Kakao, Frucht- und Gemüsesäfte oder auch Mineralwasser oder Wasser nehmen. Alle diese Nahrungsmittel sind Fatburner, sie sind naturbelassen und eignen sich für ein Abspecken und Schlankbleiben nach dem Low-Carb-Programm »Fit und schlank mit gesunden Kohlenhydraten«.

Zwischengerichte: Die Snacks gegen den kleinen Hunger sind meistens die eigentlichen Dickmacher, da wird oft süß konsumiert, zu allem Übel noch in Verbindung mit Fett. Beispiele: Vanillehörnchen, Pudding, gesüßte Cremespeisen, Schokoriegel, Wurst- oder Käsebrötchen mit Limonade oder süßem Kaffee usw. Stellen Sie Ihre Snacks auf Basis der folgenden natürlichen Lebensmittel zusammen:

- Mageres Fleisch oder Schinken
- Tintenfisch, Garnelen, Krabben, Räucherfisch
- Kaviar, Krebs, Austern, Muscheln
- Mageres Geflügelfleisch ohne Haut, z. B. Putenbrust
- Eier
- Gemüse wie Tomaten, Gurken, Avocado, Rettich, Radieschen, Kürbis, Melonen
- Alle Arten von Obst
- Magerquark, Joghurt, Dickmilch
- Nüsse, Samen, Kerne, Keime, Kastanien
- Trockenfrüchte
- Vollkornbrot – oder -brötchen, Mehrkornbrot, Vollkorntoast, Knäckebrot, Pumpernickel
- Haferflocken, Gerstengraupen, Cereals, Getreidegrütze

Eine ausführliche Liste von Vorschlägen für schmackhafte Zwischengerichte, die sich schnell zubereiten lassen, finden Sie weiter hinten in diesem Ratgeberbuch im Rezepteteil.

Mittags: Die Hauptmahlzeit des Tages liefert traditionell auch den Großteil aller Nährstoffe, die wir brauchen. Sie setzt sich aus drei wichtigen Biostoffen zusammen: Kohlenhydrate, Eiweiß und Fett. Hinzu kommen Wasser, Vitamine, Spurenelemente und Mineralien. Ernährungssünden werden stets nur mit dem Konsum bestimmter Fett- und Kohlenhydratarten gemacht, so kommen etwa zu viele gesättigte Fettsäuren auf den Tisch (in Wurst, Hackfleisch, fettem Käse usw.) oder die ungesunden, nämlich schnelllöslichen Kohlenhydrate aus Süßem, süßen Getränken, weißem polierten Reis und hellen Mehlprodukten.
Die Carb-Diät lässt diese Dickmacher ganz einfach weg – und schon kommt die Fettschmelze in Schwung. So unkompliziert kann das Schlankwerden sein. Die übrigen Nährstoffe – Eiweiß, Wasser, Vitamine, Spurenelemente und Mineralien – sind ohnehin stets gesund und bilden keine Gefahr für unsere Gesundheit und unsere schlanke Linie.
Stellen Sie sich Ihre gesunde Mittagsmahlzeit aus den folgenden Lebensmitteln zusammen, wobei Sie stets jeweils einen Bestandteil der Kohlenhydrat-, Eiweiß-, Fett- und Vitamingruppen auf den Tisch bringen. Wenn Sie berufstätig sind und nur abends daheim richtig kochen können, verzichten Sie lieber mittags auf die »große« Mahlzeit und begnügen sich mit etwas Gesundem aus der Kantinentheke, z. B. Salatplatte, Bohnensuppe mit Vollkornbrötchen, Kartoffeln mit Gemüse, Fisch mit Hülsenfrüchten.

Kohlenhydrate
- Weizen
- Roggen
- Hafer
- Gerste
- Dinkel
- Buchweizen
- Grünkern
- Hirse
- Naturreis
- Polenta
- Kartoffeln
- Süßkartoffeln
- Topinambur
- Vollkornnudeln

Eiweiß
Seefisch:
- Scholle
- Steinbutt
- Kabeljau
- Petersfisch
- Seelachs
- Makrele
- Schellfisch
- Seezunge
- Dorsch
- Heilbutt
- Hering
- Scholle
- Thunfisch
- Sardinen

Binnenfisch:
- Forelle
- Barsch
- Hecht
- Karpfen
- Renke
- Saibling
- Schleie
- Zander
- Aal

Meeresfrüchte:
- Krebs
- Tintenfisch
- Garnelen
- Krabben
- Muscheln
- Austern
- Krebs
- Hummer

Fleisch, Geflügel, Wild:
- Mageres Fleisch
- Leber
- Nieren
- Herz
- Magere Zunge

- Ente, Gans, Truthahn, Hähnchen (jeweils ohne Haut)
- Geflügelleber
- Hase, Kaninchen
- Fasan

Weitere Eiweißspender:
- Tofu, Räuchertofu
- Sojaprodukte
- Eier
- Schafs- und Ziegenkäse

Fett
- Butter
- Sahne
- Margarine
- Pflanzenöle

Vitamine und Mineralstoffe
Salat:
- Feldsalat
- Rucola
- Bärlauch
- Radicchio
- Kopfsalat
- Chicorée
- Endivien

Fruchtgemüse:
- Melone
- Kürbis
- Zucchini
- Gurken
- Paprika
- Auberginen
- Mais
- Tomaten

Blattgemüse:
- Mangold
- Brokkoli
- Spinat
- Alle Kohlarten, Rotkohl
- Blumenkohl
- Rosenkohl
- Fenchel
- Sellerie
- Spargel
- Rhabarber
- Artischocken

Wurzelgemüse:
- Zwiebeln
- Schalotten
- Knoblauch
- Lauch
- Kohlrabi
- Rote Bete

- Rettich
- Radieschen
- Meerrettich
- Karotten
- Pastinaken
- Schwarzwurzel

Hülsenfrüchte:
- Bohnen
- Sojabohnen
- Erbsen
- Linsen

Pilze:
- Champignons
- Morchel
- Austernpilze
- Shiitake
- Pfifferlinge
- Birkenpilz
- Rotkappe
- Steinpilz

Jedes einzelne der aufgelisteten Lebensmittel wirkt für sich selbst und im Zusammenwirken mit anderen Nahrungsmitteln lipolytisch, also fettschmelzend. Wir brauchen nur unsere täglichen Mahlzeiten aus diesen naturbelassenen Lebensmitteln zusammenzustellen. Dann kommt der Motor unseres Stoffwechsels in 70 Billionen Körperzellen in Schwung und wir verbrennen die lästigen Schwabbelkilos an Bauch und Hüften, an Po und Oberschenkeln.

Ordnung in den Stoffwechsel bringen

Im Inneren vieler Menschen herrscht eine Art Stoffwechselchaos, von dem die Betroffenen keine Ahnung haben, zumal ihr Spiegelbild ja nichts davon verrät. Aber jahrelange Fehlernährung, mangelnde Bewegung, zu viel Stress und Übergewicht haben Kreislauf, Organen, Hormon- und Immunsystem eine entgleiste Ordnung aufgeprägt. Viel läuft falsch tief im Inneren, weil sich der Organismus in seiner Not auf ungesunde Verhältnisse eingestellt hat, um überhaupt lebensfähig zu bleiben:

- Drüsen arbeiten nur mit der Hälfte oder noch weniger ihrer ursprünglichen Leistungskraft.
- Zellen haben Mitochondrien (Energiebrennkammern) und Ribosomen (Werkstätten für Zellmoleküle) in Massen abgebaut.
- Die Wach-Schlaf-Schaltung ist entgleist, vom Ein- und Durchschlafen kann man nur träumen.
- Dem Bindegewebe und den Muskeln wird Eiweiß und Glukose entzogen. Die Folge: Muskelschwäche, Falten, Runzeln.
- Die Verdauung ist eine einzige Katastrophe: zu viel oder zu wenig Magensäure, ein Mangel an Bauchspeicheldrüsen-Enzymen, als Folge davon Blähungen, Darmträgheit, Durchfall.
- Übergewicht führt dazu, dass das Herz Blut durch etliche Kilo mehr an überflüssigem Fettgewebe pumpen muss. Eine Mehrbelastung, die Herz und Kreislauf auf Dauer nicht aushalten.
- Gefäße sind chronisch verengt, dadurch die Nährstoffversorgung der Zellen gedrosselt. Das macht müde, schlapp, denkfaul, pessimistisch.
- Fettzellen hamstern geizig ihren Inhalt, deshalb müssen kostbare Glukose und Eiweiß als Energiespender geopfert werden.
- Das Blut ist dickflüssig, der Blutfluss träge. Zellen werden deshalb nur unzulänglich mit Nährstoffen versorgt.

Unser Körper bemüht sich fast verzweifelt um die Fähigkeit zu überleben. Es ist ein ständiger Kampf, Monat für Monat, Tag für Tag, Minute für Minute, von dem wir nichts ahnen. Vergleichbar etwa mit dem Überlebenskampf einer kleinen Blume oder eines Insekts auf vergiftetem Boden.

2 Stresshormone gegen das Bauchfett

Schon 24 Stunden, nachdem wir mit der Carb-Diät »Fit und schlank mit gesunden Kohlenhydraten« begonnen haben, strafft sich unser Stoffwechsel, entgleiste Systeme gesunden, viel, was im Argen liegt, wird zurechtgerückt. Schon nach drei oder vier Tagen orientieren sich Zellen, Gewebe und Organismus nach ihrem genetischen Auftrag: Nahrung verwerten, Zellen verjüngen, mental und körperlich Lebenskräfte aktivieren.

Eine Hauptrolle spielen dabei Stresshormone. Sie sind von der Natur vor Urzeiten erfunden worden, um uns aus dem schläfrigen Zustand der Ruhe und Entspannung wach und konkurrenzfähig zu machen. Wann immer wir aktiv werden, regen sich diese Hormone und stimulieren so genannte adrenerge Rezeptoren in unserem Innern. Schon ein Gedanke, ein gesprochener Satz, selbst ein Wimpernzucken bedeuten für die Natur Stress und für unseren Organismus die Ausschüttung vitalisierender Hormonsubstanzen. Sie bringen oft innerhalb Sekunden frischen Schwung in unseren Stoffwechsel. Als Folge davon fordern Zellen und Gewebe Energierohstoff zum Verbrennen an – also Glukose, die kleinste Einheit der Kohlenhydrate, und Fett.

Ohne Stresshormone kann kein Bauchspeck abgeschmolzen werden. Sie spielen speziell im Fetthaushalt eine enorme Rolle.

Fatburner Stresshormone

- Glukagon entspringt der Bauchspeicheldrüse und öffnet Glykogenspeicher in der Leber, setzt also Blutzuckerreserven frei, falls diese Energienahrung für Gehirn und Nerven fehlt. Damit wirkt Glukagon wie ein Nachbrenner im Tornado-Kampfjet – ganz klar, dass dabei jede Menge Triglyzeride zu Extraenergie verbrannt werden.
- Schilddrüsenhormone werden von Wissenschaftlern als Triiodthyronin (T3) und Thyroxin (T4) bezeichnet. Sie sind quasi das Zündholz, das Verbrennungsvorgänge in Zellen erst befeuert. Sie bestimmen die Stoffwechselrate unserer 70 Billionen Körperzellen, also auch das Ausmaß der Fettverbrennung. Wenn die Drüse gut funktioniert, wird ausreichend T3 und T4 für die Fettschmelze bereitgestellt. Sie braucht allerdings viel vom Spurenelement Jod, das Zweidrittelbestandteil ihrer Hormone ist. Deshalb sollte man in der Küche jodiertes Salz oder jodreiches Meersalz verwenden.
- Wachstumshormon wird nachts aktiv, sorgt für Zellteilung und Verjüngung des Gewebes. Bester Schlankmacher der Natur seit Millionen Jahren.
- Noradrenalin und Adrenalin machen wach, konzentriert und aktiv. Die beiden Stoffe stimulieren das so genannte adrenerge Stress-System, verengen Gefäße, erweitern aber die Herzkranzgefäße. Dadurch werden Herz und Kreislauf enorm leistungsfähig. Ganz klar, dass Muskelzellen nun mehr Fettmoleküle als Energierohstoff aus Speckpolstern anfordern, um sie zu verheizen.
- Cortisol ist ein so genanntes Steroid-Hormon aus den Nebennieren, synthetisiert auf der Basis von Cholesterin. Es ist unser Muntermacher, schon morgens aktiv, noch während wir schlafen, stimuliert durch die allerersten Sonnenstrahlen, die fast noch unsichtbar durch den Vorhang dringen.
- Stresshormone sind Teil der Fettverbrennungsmaschine in unserem Körper. Süßes und süße Getränke drosseln ihre Produktion

und machen dick. Die in unseren Listen aufgeführten naturbelassenen Lebensmittel hingegen aktivieren ihre Produktion im eigenen Drüsen- oder Nervengewebe. Stresshormone helfen unseren Fettzellen, sich von dem lästigen Überfluss an Triglyzeriden zu befreien. Sie sind bedeutender Bestandteil des wissenschaftlichen Low-Carb-Programms »Fit und schlank mit gesunden Kohlenhydraten«.

Wasserreich essen

Obst und Gemüse enthalten bis zu 95 Prozent Wasser, der Rest sind vorwiegend Kohlenhydrate. Südfrüchte, Kiwi, Äpfel, Birnen, Beeren, aber auch Spinat, Brokkoli, Fenchel oder Sellerie sind außerordentlich reich an Wasser in einer Zusammensetzung, wie sie genau dem Nährstoffbedürfnis der Körperzellen entspricht. Bananen sind ein wasserreicher Snack, der bis zu 80 Prozent und mehr aus hochwertiger Flüssigkeit besteht, die reich gesättigt ist mit Vitaminen, Spurenelementen usw. Wenn wir in eine saftige Melone beißen, könnte man fast schon meinen: essen und trinken sind dasselbe. Gerade noch wird das viele Wasser in der Melone durch das Zellgerüst der Frucht zusammengehalten.
Obst, Salat, Gemüse und Rohkost sind reich an Kalium, das mithilft, Nährmoleküle aus dem Blut ins Innere der Zellen zu befördern – ein sehr wichtiger Vorgang für das Verjüngen der Zellen und für einen betriebsamen Stoffwechsel, der Fett verbrennt. Außerdem enthalten diese pflanzlichen Lebensmittel viele Kohlenhydrate, die in Magen und Darm zu Glukose abgebaut und dem Blut zugeführt werden. Nach dem Verzehr einer Rohkostplatte kommt es so zu einem steten Zustrom von Wasser in die Zellen und von Glukose ins Blut. Auf diese

Weise werden Gehirn und Nerven, aber auch alle anderen Zellen mit den beiden für den Stoffwechsel wichtigsten Nährstoffen versorgt: mit Wasser und mit Glukose.

Zu viel Wasser im Bauch

Der Gegenspieler von Kalium im Stoffwechsel ist das Mineral Natrium, Hauptbestandteil von Kochsalz, es entzieht den Zellen ihr kostbares Nährwasser, trocknet sie aus, und die Stoffwechselrate sinkt zwangsläufig ab, sodass nun auch weniger Fett aus dem Bauchspeck abgerufen und zu Energie verbrannt wird.
Der Nährstofftransport aus dem Darm durch die Darmschleimhaut ins Blut funktioniert über winzige natriumgefüllte Wasserkanälchen. Je salzreicher wir essen, desto mehr Wasser sammelt sich deshalb im Bauchraum. Deshalb halten viele Menschen den Inhalt ihres dicken Schwabbelbauchs für Fett. In Wirklichkeit schleppen sie womöglich bis zu eineinhalb Liter nutzloses Wasser im Bauch mit sich herum, das – von Kochsalz-Natrium gebunden – zu einem unansehnlich schlaffen Bauchgewebe führt.

Mit Kräutern und Gewürzen schmackhaft machen

• Weg vom Salz und hin zu delikatem natürlichem Würzen – mit diesem kleinen Tipp können Sie Ihren Körper möglicherweise von einem ganzen Liter Wasser befreien. Nicht anders als die Vielfalt der Geschmacksnuancen von Obst und Gemüse, bieten auch Kräuter und Gewürze abenteuerliche Reisen in die faszinierende

Welt unbekannter kulinarischer Genüsse. Nach dem Motto: Es muss nicht immer Salz sein, was schmeckt.

- Kräuter: Thymian, Majoran, Salbei, Basilikum, Bohnenkraut, Beifuß, Borretsch, Brunnenkresse, Kerbel, Oregano, Rosmarin, Pfefferminze, Minze, Estragon, Liebstöckel, Zitronenmelisse.
- Gewürze: Safran, Muskat, Koriander, weißer und schwarzer Pfeffer, Lorbeer, Kümmel, Wacholder, Gewürznelken, Chili, Vanille, Anis, Fenchel, Piment, Curry, Zimt.
- Andere Geschmacksspender: Senf, Meerrettich, Essig, Zitronensaft, Ketchup.

KAPITEL VI

Fit und gesund mit Low-Carb-Rezepten

- Die 10 wichtigsten Tipps
- Die 20 besten Frühstücksideen
- Die 20 besten Zwischengerichte
- 20 gesunde Mittagessen
- Die 20 besten Abendessen

1 Carb-Diät: Die besten Rezepte zum Abnehmen und Fitbleiben

Der Natur abgeguckt – von Wissenschaftlern formuliert: Die Rezepte des Low-Carb-Programms aktivieren wie körpereigene genetische Impulse den Stoffwechsel, die Lipolyse (die Fettfreisetzung) und das Immunsystem. Sie vermitteln uns sättigende Nahrung und gleichzeitig einen unermesslichen Reichtum an lindernden und heilenden Biostoffen, direkt aus der Apotheke der Natur.

Die 10 wichtigstenTipps

1. Grundsätzlich nur Naturbelassenes auf den Tisch, möglichst keine oder wenig verpackte Lebensmittel.

2. Kohlenhydrate müssen komplexer Natur sein, also nicht verfeinert, z. B. zu Zucker oder hellem Mehl.

3. Fleisch-, Fisch- und Geflügelportionen sollten nicht größer sein als 80, höchstens 100 Gramm.

4. Mahlzeiten sollten nicht zu umfangreich sein. Lieber täglich fünf kleinere Mahlzeiten als dreimal am Tag zu viel auf dem Teller.

5. Zur Hauptmahlzeit (meistens mittags) möglichst nichts trinken, Getränke besser vorher oder nachher zu sich nehmen.

6. Abends ab 19 Uhr keine schweren Mahlzeiten mehr.

7. Auf keinen Fall aufs Frühstück verzichten, die wichtigste Mahlzeit des Tages. Wenn es aus Zeitgründen gar nicht anders geht, dann wenigstens rasch eine Banane schälen und essen.

8. Nach der Hauptmahlzeit möglichst nicht gleich zu viel Stress aufladen, sondern etwas ruhen.

9. Auf Süßes und süße Getränke möglichst völlig verzichten.

10. Nicht zu viele Zwischen-Snacks, nicht den ganzen Tag naschen und knabbern.

20 kerngesunde Frühstücksideen

Zu trinken gibt es Kaffee ohne Zucker, Süßstoff und Sahne sind erlaubt. Oder Tee bzw. Kräutertee, mit Honig gesüßt. Außerdem Obst- und Gemüsesäfte (möglichst selbst gepresst), Milch, Kakao ohne Zucker.

1. Vollkornbrot mit Schnittlauchquark
Quark mit etwas Mineralwasser glatt rühren. Schnittlauch waschen und in Röllchen schneiden, zu dem Quark geben. Mit

Salz und Pfeffer abschmecken. Eine Tomate überbrühen, enthäuten und in Scheibchen schneiden. Vollkornbrot mit Schnittlauchquark bestreichen und Tomatenscheiben darauflegen.

2. Türkisches Frühstück
Ei hart kochen und in Scheiben schneiden. Eine Tomate und ein Stück Gurke waschen und in Scheiben schneiden. Alles zusammen mit 30 Gramm Schafs- oder Ziegenkäse, sechs Oliven und 1 TL Butter auf einem Teller anrichten. Mit Pfeffer, Salz, Kümmel und Paprika garnieren. Mit Vollkorntoast oder Knäckebrot servieren.

3. Rührei mit Kräutern
Zwei Eier mit Mineralwasser und Salz verquirlen. 1 TL Butter in der Pfanne erhitzen, Eimasse darin stocken lassen. Pumpernickel oder Vollkornbrötchen mit Butter bestreichen. Kräutermischung nach Wahl über die Eier streuen und alles zusammen servieren.

4. Bananen-Apfel-Müsli
Einen Apfel waschen und mit der Schale grob raffeln. Banane in Scheiben schneiden. Etwas Sahne leicht anschlagen. Haferflocken mit Bananenscheiben und geraffeltem Apfel in eine kleine Schüssel geben, Sahne untermischen. Sonnenblumenkerne, Kürbissamen oder Nüsse darüberstreuen.

5. Vollkornbrot mit Krabben
30 Gramm Krabben überbrausen und gut abtrocknen. Vollkornbrot mit Diät-Majonäse bestreichen. Kopfsalatblatt da-

rauflegen, die Krabben darüber verteilen. Mit Zitronensaft beträufeln.

6. Roastbeef mit Vollkornbrötchen
Brötchen halbieren und mit Butter bestreichen. Dünne Roastbeef-Scheibchen mit Gewürzgurken oder Mixed Pickels belegen, etwas Sahnemeerrettich darübergeben und zusammenrollen. Auf die Brötchenhälften geben und servieren.

7. Dinkelflocken mit Honig-Bananen
Dinkelflocken in eine kleine Schüssel geben. Eine Banane mit Milch im Mixer fein pürieren, mit Honig und Zimt abschmecken. Über die Dinkelflocken geben und untermischen. 2 TL Studentenfutter darüberstreuen.

8. Camembert mit Gurke und Tomate
Vollkornbrötchen aufschneiden, die Hälften mit reifem Camembert bestreichen. Paprika darüberstreuen. Gurken- und Tomatenscheibchen darüberlegen, mit Salz, Pfeffer und Dill würzen.

9. Crêpes mit Früchtequark
Quark mit Mineralwasser und Honig glatt rühren. Fruchtstückchen nach Wahl untermischen. Ein Ei mit Mineralwasser und etwas Salz verquirlen, daraus in einer Pfanne mit etwas Butter dünne Crêpes backen. Mit dem Quark belegen und zusammenklappen.

10. Pumpernickel mit kaltem Braten
Pumpernickel mit Butter und Senf bestreichen, darauf gewa-

schene und abgetrocknete Salatblätter legen. Scheiben von kaltem Braten darübergeben. Mit Radieschenscheiben belegen, mit Salz würzen.

11. Tofu mit Rühreiern

Tofuscheibchen in der Pfanne beidseitig in etwas Butter rösten. Herausnehmen und warm stellen. Zwei Eier mit etwas Mineralwasser verquirlen, mit Salz und Pfeffer würzen. In dem Bratfett stocken lassen. Knäckebrote mit Butter bestreichen, gebratene Tofuscheibchen darauflegen. Rührei darüber verteilen.

12. Schmelzkäsebrot mit Tomate

Eine Tomate überbrühen, enthäuten und in Scheiben schneiden. Vollkornbrot mit Schmelzkäse bestreichen und mit den Tomatenscheiben belegen. Mit Salz, Pfeffer und Basilikumblättchen überstreuen.

13. Porridge mit Nüssen

Grob geschroteten Hafer in kochendes Salzwasser einrühren, bei schwacher Hitze 20 Minuten aufquellen lassen, dabei ab und zu umrühren. Ausdampfen lassen, etwas warme Milch einrühren. Nüsse und Rosinen unterrühren, Honig oder Ahornsirup darüberträufeln.

14. Geflügelleber mit Apfel

50 Gramm Geflügelleber in Stücke, einen kleinen Apfel in Scheiben schneiden. Beides in einer Pfanne mit etwas Butter braun anbraten. Mit Salz, Pfeffer und Majoran würzen. Zusammen mit einem Mehrkornbrötchen essen.

15. Geräucherte Forelle

Geräuchertes Forellenfilet mit Sahnemeerrettich bestreichen. Mit Dill bestreuen. Dazu gibt es Vollkorntoast mit Butter.

16. Käsebrot mit Tomatenscheiben

Vollkornbrot mit Butter bestreichen und mit würzigen Käsescheiben sowie mit Tomatenscheiben belegen. Mit Diät-Majonäse bestreichen und mit Schnittlauch bestreuen.

17. Ananasquark mit Vollkorntoast

Magerquark mit Mineralwasser glatt rühren. Einen Ananasring in Stücke schneiden, unter den Quark rühren und mit Honig süßen. Vollkorntoast mit dem Quark bestreichen.

18. Avocado mit Knäckebrot

Reife Avocado zerquetschen, mit Salz, Pfeffer und Zitronensaft sowie etwas Sahne würzen. Dazu Knäckebrot essen.

19. Bunte Obstschüssel

Banane, halben Apfel, Kiwi, Beeren, Weintrauben oder anderes Saisonobst klein schneiden, in eine Schüssel geben. Mit Joghurt oder Sahne verrühren, mit Honig oder Ahornsirup süßen. Nuss-Splitter darunter rühren. Sonnenblumenkerne darüberstreuen.

20. Quarkbrötchen mit Sesam

Vollkornbrötchen halbieren, die Hälften mit Butter bestreichen. Magerquark mit Honig verrühren und auf die beiden Brötchenhälften aufstreichen. Sesam in einer kleinen Pfanne ohne Fett rösten und über die Brötchen streuen.

Die 20 besten Zwischengerichte

1. Banane mit warmer Honigmilch.
2. Bohnensalat mit Stückchen von kaltem Braten und Knäckebrot.
3. Halbe Avocado, mit Salz und Pfeffer gewürzt, mit Vollkorntoast.
4. Vollkornbrötchen mit Tatar, Zwiebelringen und Kapern.
5. Trockenobst.
6. Pumpernickel mit Butter, Eischeibchen und Gewürzgurke.
7. Kürbissuppe mit Vollkornbrötchen.
8. Mit Kräuterquark gefüllte Tomate mit Knäckebrot.
9. Ein Becher Apfelreis, mit Honig oder Ahornsirup gesüßt.
10. Pumpernickel mit Butter, Käse und Mixed Pickles.
11. Geraspelte Möhren mit Pflanzenöl, Zitronensaft, Salz, Pfeffer, gehackter Petersilie und Vollkorntoast.
12. Eine Hand voll Nussmischung oder Studentenfutter.
13. Ein Schale Knusperflocken mit Sahne und Ahornsirup.

14. Kleiner Krabbencocktail mit Ananasstückchen, Diät-Majonäse und Knäckebrot.

15. 30 Gramm Aal mit etwas Essig und Dill, Vollkorntoast.

16. Gebratenes Tofu-Würstchen mit Senf, Vollkornbrötchen.

17. Bratäpfel, gefüllt mit Nüssen, Rosinen und Zimt.

18. Heiße Ofenbanane mit Ahornsirup, Ingwer und Rosinen.

19. Pumpernickel mit Kräuterquark.

20. Dickmilch, mit Melasse verquirlt, dazu Knäckebrot.

Gesunde Kohlenhydrate: 20 gute Mittagsgerichte

(Alle Rezepte für jeweils 2 Personen)

KÖSTLICHER FISCH

1. Kräuterforelle mit Biokartoffeln

Zutaten:
2 Forellen
2 Kartoffeln
2 EL Instantbrühe
1 TL Melisse, Kresse und Petersilie, gehackt
1 Lorbeerblatt
2 EL Crème fraîche

1 TL Zitronensaft
Salz, Pfeffer
Biokartoffeln in Salzwasser gar kochen. Forellen mit Salz und Pfeffer einreiben, in eine feuerfeste Form einlegen. Instantbrühe mit gehackten Kräutern mischen, über die Forelle gießen. Lorbeerblatt dazugeben. Form in den Backofen schieben, bei 200 Grad 20 Minuten lang garen. Danach Forellen auf zwei Tellern anrichten, Kräutersoße mit Crème fraîche und Zitronensaft verrühren und darübergießen. Zusammen mit den Biokartoffeln servieren. Kartoffeln mitsamt der Schale essen.

2. Schellfisch pikant

Zutaten:
200 Gramm Schellfisch
1 Tasse Naturreis
1 TL Butter
2 EL Zitronensaft
1 Schalotte
1 TL Zitronenmelisse
Salz, Pfeffer
Naturreis körnig kochen. Schellfisch waschen, abtrocknen, mit 1 TL Zitronensaft beträufeln. Butter in der Pfanne erhitzen, Fisch beidseitig 3 Minuten braten. Aus der Pfanne nehmen und warm stellen. Klein gehackte Schalotte im Bratfett goldgelb dünsten. Den restlichen Zitronensaft und etwas Wasser zugeben und einkochen lassen. Pfanne vom Herd nehmen und Zitronenmelisse einrühren. Mit Salz und Pfeffer abschmecken. Fisch auf Tellern anrichten, Soße darübergießen. Zusammen mit dem Naturreis servieren.

3. Fischgulasch ungarisch

Zutaten:
2 Kartoffeln
200 Gramm Kabeljaufilet
1 Zwiebel
1 Scheibe roher Schinken
150 Gramm Sauerkraut
1 TL Zitronensaft
2 TL Tomatenmark
4 EL Joghurt
Salz, Pfeffer, Kümmel, Paprika

Kartoffeln in Salzwasser gar kochen. Fisch säubern, mit Zitronensaft beträufeln, in kleine Würfel schneiden. Schinken in der Pfanne in etwas Butter anrösten, gewürfelte Zwiebel mitdünsten. Sauerkraut und Tomatenmark in die Pfanne geben, 2 EL Wasser hinzugießen. 20 Minuten lang dünsten. Fischwürfel darauflegen, mit Paprika, Salz, Pfeffer und Kümmel bestreuen, weitere 10 Minuten dünsten. Joghurt zugeben und abschmecken. Zusammen mit den Kartoffeln servieren.

4. Petersburger Räucherlachs

Zutaten:
200 Gramm Räucherlachs
4 Kartoffeln
1 Becher Joghurt
1 Becher saure Sahne
30 Gramm Lachskaviar
1 TL Zitronensaft
Salz, Pfeffer

Kartoffeln waschen, in Scheiben schneiden, Schnittflächen mit Olivenöl bepinseln. Auf ein Backblech legen und bei 200 Grad 30 Minuten im Backofen backen. Lachsscheiben auf Tellern anrichten. Joghurt und saure Sahne gut verrühren, mit Salz, Pfeffer und Zitronensaft würzig abschmecken. In einem Schälchen bereitstellen. Kaviar in einem Schälchen auf zerstoßenem Eis zusammen mit den anderen Beigaben servieren.

5. Seelachs mit Karotten und Nudeln

Zutaten:
200 Gramm Seelachsfilet
125 Gramm Vollkornnudeln
2 große Karotten
2 EL Zitronensaft
Etwas Instantbrühe
1 EL Butter
2 EL mittelscharfer Senf
1/8 Liter Gemüsesaft
2 EL gemischte Kräuter
Salz, Pfeffer

Vollkornnudeln in Salzwasser al dente kochen. Fischfilet mit Zitronensaft beträufeln, etwas einziehen lassen. Karotten waschen, in dünne Scheiben schneiden. Senf mit Kräutern mischen, den Fisch damit bestreichen. Butter in der Pfanne erhitzen, erst den Fisch, dann die Karotten eingeben und 5 Minuten bei mittlerer Hitze braten. Fisch herausnehmen und warm stellen. Gemüsesaft zu den Karotten geben und bei kleiner Hitze 5 Minuten weiter kochen. Mit Salz und Pfeffer abschmecken. Fisch wieder hinzugeben und kurz erhitzen. Zusammen mit den Vollkornnudeln servieren.

6. Paprika-Steak mit Reis

Zutaten:
1 Tasse Naturreis
2 Scheiben Rinderfilet à 80 Gramm
1 TL gehackte Zwiebel
1 TL Schinkenspeckwürfel
1 TL Öl
2 EL Rotwein
2 EL Instantbrühe
Salz, Pfeffer, Paprika

Reis körnig kochen. Filets etwas breit drücken, Öl in der Pfanne erhitzen. Filets beidseitig etwa 5 Minuten braten, salzen, pfeffern, herausnehmen und warm stellen. Schinkenspeckwürfel ins Bratfett geben. Gehackte Zwiebel dazugeben und goldgelb dünsten. Rotwein und Brühe zugießen, etwas einkochen. Mit Salz, Pfeffer und Paprika abschmecken. Alles zusammen servieren.

7. Kalbsleber mit Blattspinat

Zutaten:
4 Kartoffeln
200 Gramm Kalbsleber
200 Gramm Blattspinat
1 kleine Zwiebel
1 Scheibe Schnittkäse
1 TL Butter
Salz, Pfeffer, Muskat gerieben

Kartoffeln gar kochen. Spinat putzen, waschen, tropfnass in einen Topf geben und dünsten, bis er zerfallen ist. Herausnehmen, etwas zerkleinern, mit Salz, Pfeffer und Muskat würzen. Schnittkäse klein schneiden und darüberbröseln. Zwiebel in Ringe schneiden, in der Pfanne in Butter glasig dünsten. Leber in Scheiben schneiden, beidseitig 2 Minuten braten, mit Salz und Pfeffer würzen. Mit Kartoffeln, Zwiebelringen und dem Spinat anrichten.

8. Hacksteak mit Dinkelnudeln

Zutaten:
125 Gramm Dinkelnudeln
150 Gramm Beefsteakhack
1 Zwiebel
1 Tomate
Tomatenmark
1 TL Öl
Salz, Pfeffer
Nudeln in Salzwasser bissfest kochen. Beefsteakhack mit geriebener Zwiebel, Pfeffer und Salz mischen. Zu zwei Steaks formen. Öl in der Pfanne erhitzen. Steaks von beiden Seiten etwa 5 Minuten braten. Tomate in Würfel schneiden, mit den Nudeln und dem Tomatenmark mischen. Zusammen mit den Steaks servieren.

9. Schinken-Lauch mit Reis

Zutaten:
150 Gramm magerer gekochter Schinken
2 kleine Stangen Lauch

1 Tasse Naturreis
1 TL Butter
1 Eigelb
Instantbrühe
Salz, Pfeffer

Reis körnig kochen. Schinken in kleine Stücke, Lauch in feine Ringe schneiden. Butter in der Pfanne erhitzen, Schinken und Lauch darin anbraten, bei kleiner Hitze etwa 5 Minuten weiter kochen. Reis mit Eigelb, Salz und Pfeffer verrühren, in die Pfanne zu dem Schinken und dem Lauch geben. Mit Salz und Pfeffer abschmecken, dabei noch einmal aufkochen lassen. Alles zusammen servieren.

10. Schweineschnitzel mit Biokartoffeln

Zutaten:
2 Schweineschnitzel à 80 Gramm
250 Gramm Brokkoli
2 Biokartoffeln
50 Gramm Gorgonzola
25 Gramm Walnusskerne
1 EL Butterschmalz
2 EL Sahne
Mineralwasser
Salz, Pfeffer

Kartoffeln in Salzwasser gar kochen. Brokkoli waschen und in Salzwasser 5 Minuten bissfest garen. Nüsse halbieren, Gorgonzola mit Sahne und etwas Mineralwasser in einem kleinen Topf langsam erhitzen. Schnitzel dünn klopfen und in heißem Butterschmalz beidseitig etwa 3 Minuten braten, salzen und pfeffern. Walnüsse in die Käsesoße geben, Soße über den Brokkoli gießen und alles zusammen servieren.

FIT MIT GEFLÜGEL

11. Estragon-Pute mit Reis

Zutaten:
1 Tasse Naturreis
2 Putenbrustfilets à 100 Gramm
2 EL trockener Sherry
3 Zweige Estragon
1 Knoblauchzehe
1 TL Zitronensaft
1 EL Butter
Instantbrühe
Salz, Pfeffer
Naturreis in der Instantbrühe körnig kochen. Putenbrustfilets mit Sherry beträufeln, 30 Minuten einziehen lassen. Estragon waschen, abtrocknen und klein schneiden. Mit zerdrückter Knoblauchzehe und dem Zitronensaft zu einem Mus verrühren. Putenbrustfilets damit bestreichen. Butter in der Pfanne erhitzen, Putenbrustfilets darin 5 Minuten braun braten. Mit Salz und Pfeffer abschmecken. Zusammen mit dem Reis servieren.

12. Hühnersuppe mit grünen Nudeln

Zutaten:
100 Gramm grüne Vollkornnudeln
100 Gramm Hähnchenbrustfilet

250 Gramm Gemüsebrühe
1 Tomate
1 TL Tomatenmark
1 TL gehackte Petersilie
Salz, Pfeffer

Vollkornnudeln in Salzwasser gar kochen. Hähnchenbrustfilet in Streifen schneiden, in der Gemüsebrühe 5 Minuten kochen. Tomate überbrühen, enthäuten, in Würfel schneiden und in die Brühe geben. Mit Tomatenmark, Salz und Pfeffer würzen. Abgetropfte Nudeln unterrühren. Mit Petersilie bestreuen und servieren.

13. Curry-Hähnchen auf Thai-Art

Zutaten:
1 Tasse Naturreis
200 Gramm Hähnchenbrustfilet
1 kleine Mango
1 EL Crème fraîche
1 TL Curry
1 TL Ingwerpulver
1 TL Öl
Petersilie
Salz, Pfeffer

Naturreis körnig kochen. Hähnchenbrust ohne Haut in Würfel schneiden. Mango schälen und halbieren, in dünne Streifen schneiden. Öl in der Pfanne erhitzen, Hähnchenwürfel etwa 3 Minuten rundherum braten, salzen und pfeffern, herausnehmen und warm stellen. Mangostreifen in den Bratfond geben, 2 Minuten weich dünsten. Crème fraîche unterrühren.

Mit Curry- und Ingwerpulver würzen. Reis und Hähnchenwürfel dazugeben. Noch einmal erhitzen und mit Petersilie bestreuen.

14. Hähnchenleber mit Biokartoffeln

Zutaten:
150 Gramm Hähnchenleber
2 große Biokartoffeln
1 Apfel
Kräuterbutter
Majoran
Salz, Pfeffer
Kartoffeln gut waschen, in Alufolie wickeln, im Backofen bei 200 Grad 35 Minuten garen. Hähnchenleber in Stücke und den Apfel in Scheiben schneiden. Butter in der Pfanne erhitzen. Leber und Apfelscheiben allseitig braun anbraten. Mit Salz, Pfeffer und Majoran würzen. Zusammen mit den Folienkartoffeln und der Kräuterbutter anrichten.

15. Hühnerfrikassee

Zutaten:
1 Tasse Naturreis
2 Hähnchenbrustfilets
Instantbrühe
100 Gramm Champignons
100 Gramm Spargel
1/2 halber Becher Crème fraîche
2 TL Zitronensaft

Salz, Pfeffer
Worcestersoße
Petersilie

Reis körnig kochen. Hähnchenfilets in einer Tasse Instantbrühe 15 Minuten bei schwache Hitze garen und herausnehmen. Brühe einkochen und mit Crème fraîche, etwas Zitronensaft, Salz, Pfeffer und Worcestersoße abschmecken. Champignons, Spargel und Hähnchenbrust klein schneiden, zu der Soße geben und kurz erwärmen. Reis mit Petersilie mischen und zu dem Frikassee servieren.

KÖSTLICH VEGETARISCH

16. Hirse mit Gemüse-Curry

Zutaten:
1 Tomate
1 Zucchini
1 Karotte
1/2 Paprikaschote
4 EL Gemüsebrühe
6 EL Hirse
1 TL Curry
1 TL Zitronensaft
2 EL Crème fraîche
2 EL gehackte Petersilie

Hirse in der doppelten Menge Wasser aufkochen und eine halbe Stunde lang ausquellen lassen. Tomate überbrühen, enthäuten, in Viertel schneiden, Karotten in Scheiben, Zucchini in Würfel, Paprika in Streifen schneiden. Alles mit Gemüsebrühe und Zitronensaft zum Kochen bringen. Bei geschlossenem Deckel einkochen. Crème fraîche und Curry unterrühren, mit Petersilie bestreuen, mit der Hirse anrichten.

17. Austernpilze mit Vollkornnudeln

Zutaten:
100 Gramm Austernpilze
100 Gramm Vollkornnudeln
1 kleine Zwiebel
1 Knoblauchzehe
1 TL Butter
1 TL Zitronensaft
2 EL Sahne
Salz, Pfeffer
Nudeln bissfest kochen. Austernpilze putzen, Stiele abschneiden. Hüte in 2 Zentimeter breite Streifen schneiden. Zwiebel und Knoblauchzehe klein würfeln, in Butter in der Pfanne andünsten. Pilze dazugeben, 5 Minuten braten. Mit Salz und Pfeffer abschmecken, Zitronensaft und Sahne unterrühren. Mit den Vollkornnudeln anrichten.

18. Vegetarische Frikadellen

Zutaten:
150 Gramm Grünkern, grob gemahlen
1 Zwiebel
1 Ei
1/4 Liter Gemüsebrühe
1 TL Basilikum, getrocknet

1 EL gehackte Petersilie
1 EL Schnittlauchröllchen
1 TL Sonnenblumenöl
Salz

Grünkernschrot in lauwarmer Gemüsebrühe unterrühren, aufkochen und zugedeckt 25 Minuten lang ausquellen lassen. Zwiebel klein würfeln, etwas andünsten. Ei und Gewürze zur Grünkernmasse geben, gründlich vermengen, würzig abschmecken. Frikadellen formen, in der Pfanne in Sonnenblumenöl beidseitig knusprig bräunen. Dazu einen kleinen Salatteller zusammenstellen.

19. Zucchini-Pfannkuchen

Zutaten:
1 Zucchini
1 Zwiebel
1 Ei
80 Gramm Schafskäse
1 TL Olivenöl
Frischer Rosmarin
Salz, Pfeffer

Zwiebel in feine Ringe, Zucchini in dünne Scheiben schneiden. Ei mit Salz und Pfeffer verquirlen, Käse dazubröseln und darunterrühren. Pfanne mit Öl auspinseln, Zwiebel, Zucchini und Rosmarin darin leicht anbraten. Das verquirlte Ei darübergeben. Bei kleiner Hitze etwa 5 Minuten stocken lassen.

20. Biokartoffeln mit Kräuterquark

Zutaten:
4 Biokartoffeln
125 Gramm Magerquark
4 EL Crème fraîche
1 TL scharfer Senf
Zitronenmelisse
Basilikum
Kräutermischung (Kresse, Petersilie, Schnittlauch)
Salz, Pfeffer
Biokartoffeln in Salzwasser gar kochen. Magerquark mit Crème fraîche verrühren, restliche Zutaten dazugeben und untermischen. Kartoffeln samt Schale zusammen mit dem fertigen Kräuterquark servieren. Kartoffeln mit der Schale essen.

Low Carb: Die 20 besten Abendessen

1. Vollkornpfannkuchen mit Ahornsirup
4 EL Vollkornmehl mit Wasser langsam glatt rühren. 2 Eier schlagen, mit der Mehlmasse und mit 100 Gramm Sahne ausgiebig verquirlen, dabei mit etwas Salz leicht würzen. In Butter in der Pfanne Pfannkuchen backen, mit Ahornsirup beträufeln.

2. Parmaschinken mit Feldsalat
Parmaschinken in Streifen schneiden. Feldsalat waschen und abtropfen. Aus Sonnenblumenöl, Essig, etwas Zitronensaft, Salz und Pfeffer eine Soße rühren und über den Salat und den

Parmaschinken gießen. Mit Sonnenblumenkernen bestreuen, mit Vollkorntoast servieren.

3. Dinkelbrot mit Roastbeef

Dinkelbrot mit Butter bestreichen. Gewaschenes und abgetrocknetes Salatblatt darauflegen. Roastbeefscheibe auflegen, mit Senf bestreichen. Leicht salzen und pfeffern. Tomate überbrühen, enthäuten, in Scheiben schneiden und auf dem Brot verteilen.

4. Forellenfilet mit Preiselbeeren

Etwas Sahne steif schlagen, mit Zitronensaft und Meerrettich verrühren. Mit Preiselbeeren auf einem Salatblatt anrichten, mit Dill bestreuen. Pumpernickel mit Butter bestreichen, geräuchertes Forellenfilet dazu anrichten.

5. Eisalat mit Vollkorntoast

Eier hart kochen, in Stücke schneiden. Gurke waschen, schälen, in Scheibchen schneiden. Mit Joghurt, Crème fraîche, Zitronensaft, Salz und Zucker eine pikante Soße anrühren und mit den Eiern und den Gurken vermengen. Mit Schnittlauchröllchen bestreuen. Dazu Vollkorntoast mit Butter servieren.

6. Krabbencocktail Hawaii

Krabben überbrausen, abtrocknen. Ein Salatblatt waschen, in kleine Stücke zupfen, in eine kleine Glasschale einlegen. Krabben und eine in Stücke geschnittene Ananasscheibe hinzugeben. Aus Sahne, Zitronensaft, Diät-Majonäse, Paprika und Salz eine Soße anrühren und über die Krabben gießen. Mit einem Vollkornbrötchen und Butter servieren.

7. Gesunde Hirsesuppe
Milch mit etwas Salz aufkochen lassen. 50 Gramm Hirse einstreuen und eine halbe Stunde bei schwacher Hitze aufquellen lassen. Saisonbeeren oder tiefgetrocknete Himbeeren oder Heidelbeeren waschen und trocknen. Hirsesuppe mit Honig und Zimt süßen und abschmecken, Obst darüberstreuen.

8. Bunte Rohkost
Saisongemüse nach Wahl wie Sellerie, Karotten, rote Bete, Tomaten, Gurken usw. waschen, in Stücke schneiden. Aus süßer und saurer Sahne, Essig, Zitronensaft, Honig, Pfeffer und Salz eine delikate Soße anrühren und über die Rohkost geben. Mit Nuss-Stückchen und Sonnenblumenkernen überstreuen. Dazu Knäckebrot servieren.

9. Avocado mit kaltem Braten
Eine Scheibe kalter Braten in Stückchen schneiden. Eine Avocado und eine Birne in dünne Streifen schneiden. Einen feinen Essig mit Zitronensaft, Salz, Pfeffer, Zucker und Nelkenpulver verrühren, unter ständigem Schlagen etwas Sonnenblumenöl unterquirlen. Über kalten Braten Avocado und Birnen geben, alles vermischen und 10 Minuten einziehen lassen. Zusammen mit Vollkornbrötchen und Butter servieren.

10. Geflügelleber mit Vollkorntoast
60 Gramm Geflügelleber klein schneiden und in Butter in der Pfanne 2 Minuten braten. Vollkorntoast mit Butter bestreichen, einen Apfel waschen, in Scheiben schneiden. Auf den Toast legen und mit Zitronensaft beträufeln. Gebratene Leber

mit Salz und Paprika würzen und auf den Toast geben. Gehackte Petersilie darüberstreuen.

11. Tofu-Würstchen mit Kräuterrührei
2 Eier mit etwas Mineralwasser, Salz, Pfeffer und 1 TL gehackte Kräutermischung verquirlen. 1 TL Butter in der Pfanne erhitzen, 2 Tofu-Würstchen darin beidseitig anbraten. Eimasse darübergeben und stocken lassen. Mit Vollkorntoast servieren.

12. Mozzarella gebacken
Mozzarella aus der Packung nehmen, abtropfen lassen. Ein Ei mit Salz und Pfeffer würzen und verquirlen. Mozzarellascheiben darin wenden und mit Semmelbröseln bestreuen. In einer Pfanne in Butter beidseitig braten, bis er zu schmelzen beginnt. Dazu Pumpernickel mit Butter servieren.

13. Leckere Pfannkuchen
2 Eier mit Salz, Zucker und etwas Milch verquirlen. Vollkornmehl darübersieben, noch einmal mit dem Schneebesen durchschlagen. Sultaninen in Rum quellen lassen, unter den Teig mischen. Öl in der Pfanne erhitzen, Teig hinzugeben, nach dem Wenden mit zwei Gabeln in Stückchen zerreißen. Herausnehmen, Puderzucker darüberstreuen, und dazu Ahornsirup servieren.

14. Hawaii-Toast
Vollkorntoast beidseitig rösten, mit Butter bestreichen. Eine Ananasscheibe in Stücke schneiden und darauflegen. Scheibe Schnittkäse darauflegen, mit Paprika bestreuen. Im Backofen überbacken, bis der Käse geschmolzen ist.

15. Hüttenkäse mit Obststückchen

Banane in dünne Scheiben schneiden, 1 Apfel waschen, grob raffeln, 1 Kiwi in kleine Stückchen schneiden. 150 Gramm Hüttenkäse mit diesen Früchten vermischen, 1 TL Rosinen und Honig daruntermischen. Auf Pumpernickel streichen und servieren.

16. Gesunder Reissalat

4 EL Naturreis in Salzwasser körnig kochen, dann abkühlen lassen. Karotte waschen, in dünne Scheiben hobeln, eine halbe Fenchelknolle dazuraffeln. Eine Soße aus einem guten Pflanzenöl, Zitronensaft, Kräutersalz, Pfeffer und Dill anrühren und über das Gemüse gießen. Alles zusammen mit dem Reis vermengen. Mit fettfrei gerösteten Mandelblättchen bestreuen.

17. Tomaten Montenegro

Tomaten überbrühen, enthäuten, in dicke Scheiben schneiden. Mit Salz und Pfeffer überstreuen. Eine Schalotte und eine Knoblauchzehe klein hacken und auf den Tomatenscheiben verteilen. Olivenöl in einer Pfanne erhitzen, Tomatenscheiben hineingeben und 5 Minuten braten. Herausnehmen, mit Basilikumblättchen bestreuen und mit einem mit Butter bestrichenen Vollkornbrötchen servieren.

18. Sizilianischer Bohnensalat

Grüne Bohnen waschen, durchbrechen, in Salzwasser mit etwas Bohnenkraut bissfest kochen. Eine Schalotte fein würfeln, über die Bohnen verteilen. Mit einer Soße aus Essig, Olivenöl, Kräutersalz und Pfeffer übergießen. 30 Gramm Schafskäse darüber verbröseln, alles gut mischen. Mit einem herzhaften Vollkornbrot mit Butter servieren.

19. Köstliche Kartoffelsuppe

Kartoffeln waschen, schälen, in kleine Würfel schneiden. Mit 1 Karotte und 50 Gramm Knollensellerie ebenso verfahren. Eine halbe kleine Lauchstange putzen, waschen, in feine Ringe schneiden, alles zusammen in 1/4 Liter Gemüsebrühe und etwas Kümmel bissfest kochen. Mit Muskat, Salz, Pfeffer, Kümmel und Knoblauch pikant abschmecken. Mit gehackter Petersilie bestreuen.

20. Vollkornbrot mit Tatar

Ein Ei hart kochen, in Scheiben schneiden. Beefsteakhack mit klein gewürfelter Zwiebel und Gewürzgurke, Salz, Pfeffer und Paprika mischen. Vollkornbrot mit Butter bestreichen, Tatar daraufgeben. Eischeibchen und eine in Scheiben geschnittene kleine Tomate darauf verteilen. Mit Schnittlauch garnieren.

KAPITEL VII

Low Carb: Wie sich Filmstars fit und schlank halten

- Hollywood-Fitness für jedermann
- Fit und schlank wie Julia Roberts und Heidi Klum
- Hollywood schwärmt von der Carb-Diät
- Auch Leistungssportler setzen auf Low Carb
- Wie wär's denn mal vegetarisch?
- Fehlen Vegetariern wichtige Nährstoffe?
- Gesunde Ballaststoffe für Low-Carb-Vegetarier
- Low Carb senkt Cholesterinwerte
- Siegeszug einer neuen Ernährungsidee

1 Carb-Diät: Hollywood-Fitness für jedermann

In den USA ist Low Carb der große Renner unter den Schlankheits- und Fitnesskuren. Rund drei Viertel aller Übergewichtigen setzen auf diese verblüffend einfache Abspeck- und Gesundheitsmethode. Nachdem das Nahrungsfett nicht mehr als Bösewicht beim Dickwerden gilt, wollen alle mit Hilfe gesunder Kohlenhydrate vital und schlank werden und es auch bleiben. Innerhalb kurzer Zeit entstanden neue Zeitschriften mit Titeln wie »Low Carb«, »Net Carb«, »Carb Lite« usw., die praktisch eine ganze Nation auf diese Ernährungsrevolution einschwören.

Die so genannten Celebritys, Stars und Berühmtheiten der US-Film- und TV-Branche, setzen praktisch allesamt auf diese neue Methode. Teil der meist sehr umfangreichen Filmverträge ist nämlich die Verpflichtung, vor Drehbeginn und während der Dreharbeiten mit einem Fitnesstrainer zusammenzuarbeiten und sich auf ein ideales Körpergewicht zu trimmen. Deshalb wirken weibliche und männliche Hollywood-Stars auf der Leinwand stets athletisch, sportlich, dynamisch und geschmeidig. Die Schönheitsprogramme sind wissenschaftlich erarbeitet, im Rahmen der Low-Carb-Philosophie jedermann zugänglich. Film- und Fernsehstars arbeiten täglich bis zu zwei Stunden mit ihrem Trainer zusammen und ernähren sich genau nach Vorschrift.

Es begann mit Dr. Robert Atkins

- Der berühmte New Yorker Kardiologe setzte als Erstes auf eine Ernährungsform auf der Grundlage von wertvollen Kohlenhydraten. Seine Bücher wurden weltweit über 10-Millionen-mal verkauft.
- Das Prinzip: Fett und Eiweiß können im Stoffwechsel ohne die Hilfe von Kohlenhydraten nicht verwertet werden. Diese Kohlenhydrate müssen aber komplexer Natur sein, sie dürfen nicht von Zucker, Süßem, süßen Getränken und hellen Mehlprodukten stammen.
- Der Vorteil: Nach der Atkins-Methode, dem Vorläufer der Low-Carb-Programme, darf man mehr essen als mit üblichen Schlankheitskalorien, bei denen Glyx-und Kalorientabellen eine Rolle spielen. Gesund essen, satt werden und trotzdem fit und schlank bleiben, so lautet das Versprechen.

Fit und schlank wie Julia Roberts und Heidi Klum

In den Hollywood-Studios und bei Model-Agenturen gilt die Carb-Diät als heißer Trend. Die berühmte Fitnesstrainerin Kathy Kaehler aus Los Angeles betreut ihre Stars Claudia Schiffer, Julia Roberts, Jennifer Aniston, Meg Ryan oder Michelle Pfeiffer nach Low-Carb-Ernährungsrichtlinien der American Heart Association:

- Eine Vielfalt von Obst und Gemüse auf den Tisch, täglich fünfmal oder öfter zu diesen kerngesunden natürlichen Lebensmitteln greifen.
- Mehrmals täglich Vollkornprodukte essen.
- Empfohlen werden auch fettarme Milch, Fisch, Hülsenfrüchte, mageres Fleisch sowie Geflügel ohne die cholesterinreiche Haut.

- Ideale Fettlieferanten sind Pflanzenöle, speziell Olivenöl, sowie fettreiche Früchte wie Oliven, Avocados usw.
- Auf süße Getränke und süßes Naschwerk möglichst ganz verzichten.
- Den Salzkonsum drosseln, Speisen lieber mit Kräutern und Gewürzen schmackhaft machen.
- Alkoholkonsum reduzieren.

Popstar Britney Spears schwört ebenfalls auf Low Carb, um schlank und fit zu bleiben: »Kein helles Brot, keine einfachen Zucker, also praktisch nichts, was süß schmeckt.« Mit derselben Ernährung achtet Renée Zellweger auf Figur: »Obst, Gemüse, Proteine, nichts Süßes, möglichst keine hellen Mehlprodukte.«
Mit dieser Methode hat sie die 20 Pfund Übergewicht rasch abgespeckt, die sie sich für ihre Rolle in dem Film »Bridget Jones' Diary« hatte anfuttern müssen. Auch Superstar Brad Pitt schwört auf die gesunden Kohlenhydrate, ebenso wie Heidi Klum und Star-Model Naomi Campbell, die beide von Fit-und-schlank-Trainer David Kirsch auf Figur getrimmt wurden.

Hollywood schwärmt von Low Carb

Madonna, Bruce Willis und Demi Moore wurden von Bodystyling-Coach Rob Parr für ihre Konzertauftritte und Filme fit gemacht – mit Joggen, Walking und Low-Carb-Ernährung. Fitnessexpertin Keli Roberts aus Kalifornien setzt ebenfalls auf den neuen Hollywood-Trend. Zu ihren Klienten zählen Cher, Lauren Hutton, Faye Dunaway und Nicole Kidman. Keli: »Zu essen gibt es viel Saisonobst, Gemüse, Vollkornprodukte und

Proteinreiches, wie z. B. Fisch. Dafür wenig Fett und möglichst gar nichts Süßes.«
Von Kalifornien aus hatte vor einigen Jahren die Anti-Nikotin-Kampagne ihren Siegeszug um die Welt begonnen, mit dem Ergebnis, dass inzwischen in vielen Städten das Rauchen in öffentlichen Gebäuden oder auch in Restaurants verboten ist. Nun breitet sich von der US-Pazifikküste die Low-Carb-Bewegung aus mit ihrer Maxime »Übergewicht stört, Fettleibigkeit ist hässlich«. Längst achten in vielen Betrieben die Personalchefs darauf, nur noch schlanke Jobbewerber auf die Gehaltslisten zu setzen. Wer Zigaretten raucht, viel Alkohol konsumiert und vom süßen, fetten Fast Food nicht lassen kann, gilt als undiszipliniert. Hingegen sind eine schlanke Figur und ein sportliches Charisma Markenzeichen für Leistungsfähigkeit und Belastbarkeit.

Auch Leistungssportler setzen auf die Carb-Diät

Seit Beginn des neuen Jahrtausends nutzen Ernährungswissenschaftler Analysemethoden, die völlig neue Einblicke in unseren Stoffwechsel vermitteln, insbesondere auf Lipogenese (den Fetteinbau) und körperliche Fitness. Die Erkenntnisse werden intensiv von Toptrainern genutzt. Dabei geht es darum, Ernährungsbestandteile optimal in Energie umzusetzen und dem Organismus nichts zuzuführen, was ihm nicht nützt, sondern ihn belastet, was vom Stoffwechsel erst mühsam abgebaut, neutralisiert und ausgeschieden werden muss.
In vielen industriell gefertigten und angebotenen Lebensmitteln (z. B. aus der Tiefkühltruhe, für die Mikrowelle, in Fast-

Food-Restaurants) ist der Bestandteil an bioaktiven Nährstoffen zu niedrig, die belastenden Bestandteile zu hoch, nicht selten in einem bedenklichen Verhältnis von 50 zu 50 Prozent. Ein Beispiel: Wertvolle Proteine in Fischstäbchen werden durch Zutaten wie Panierung, gesättigte Fette, schnelllösliche Kohlenhydrate usw. belastet. Ein möglicherweise gesundes Lebensmittel wird auf diese Weise eher ungesund. Anstatt einem Heranwachsenden würzige Fischstäbchen aus der Packung mit Majonäse und Kartoffelbrei vorzusetzen, wäre es – nach den Richtlinien moderner Ernährungsexperten – gesünder, er würde nur den Kartoffelbrei essen.

Wissenschaftliche Studien nehmen inzwischen erheblichen Einfluss auf Trainings- und Ernährungsprogramme, speziell in Kalifornien. Beim Santa Monica Track Club (SMTC), der weltweit bedeutendsten Schmiede für Hochleistungssportler, ist Low Carb unverzichtbares Schlagwort: keine Süßigkeiten, möglichst keine hellen Mehlprodukte, den ganzen Tag über und immer wieder viel Obst und Gemüse. Nicht umsonst haben Athleten der SMTC seit Gründung des Klubs im Jahr 1972 37 Weltrekorde aufgestellt, außerdem 60 US-Rekorde, bei Olympischen Spielen 19 Goldmedaillen, fünf Silbermedaillen und drei Bronzemedaillen errungen. Deutlicher kann man für ein gesundes Low-Carb-Programm nicht werben.

Das Ermutigende dabei: Jeder von uns kann es den Hollywood-Berühmtheiten und all den SMTC-Stars um Carl Lewis nachmachen, Schwabbelpfunde loswerden und dabei fit, jung und optimistisch werden.

Die Carb-Diät ist der einfachste Weg, um schnell zu mehr Lebensfreude und zu einem neuen Lebensgefühl zu finden.

Sportmediziner empfehlen

- Das American College of Sports Medicine (ACSM) ist die weltweit bedeutendste Stiftung im Bereich der sportmedizinischen Forschung. Ernährungsempfehlung: Low Carb, auf Süßes, süße Getränke und helle Mehlprodukte möglichst verzichten.
- Eiweiß haben wir ausreichend auf dem Teller – so die Erkenntnis der ACSM-Forscher. Woran es bei den meisten Zeitgenossen hapert, sind Obst, Salat, Rohkost und Gemüse. Empfohlen werden außerdem Vollkorn- und Milchprodukte.
- Unterschiedliche Obst- und Gemüsesorten in den Speiseplan aufnehmen, von Tag zu Tag oder Mahlzeit zu Mahlzeit variieren. Zum Beispiel grün (Brokkoli, Spinat), gelb (Kürbis, Aprikosen), rot (Tomaten, rote Bete), dann wieder andere Gemüsearten oder Hülsenfrüchte wie Bohnen, Erbsen oder Linsen.
- Wichtige Bestandteile einer gesunden Ernährung sind Naturreis und Getreide mit ihrem reichen Anteil an Vitaminen, Mineralien und Spurenelementen. Sie enthalten auch reichlich ungesättigte Fettsäuren in den Schalen der Keimlinge, mit denen sich die Reis- und Getreidesamen gegen Austrocknung schützen. Diese Fettsäuren sind für unseren Nerven- und Zellstoffwechsel enorm wichtig, sie schützen körpereigenes Cholesterin vor Oxidation und unsere Haut vor einem Verlust an Feuchtigkeit, sind also auch wichtiges Schönheitsmittel.

Wie wär's denn mal vegetarisch?

Mit dem Siegeszug der Low-Carb-Revolution werden immer mehr Menschen zeitweise oder das Jahr über zu Vegetariern. Der Grund: Zunge und Gaumen erkennen nach und nach die köstliche Vielfalt der Geschmacksnuancen in Fenchel, Auberginen, Ingwer, Mangold, Topinambur, Sellerie, Schwarzwurzel,

Mango oder Papaya. Fisch, Fleisch oder Geflügel haben hingegen kaum typischen Eigengeschmack, ihr verführerischer Geschmack stammt aus der Kombination von Fett und Salz, mit der diese Lebensmittel zubereitet werden.
Für viele Low-Carb-Fans wird Tofu zur idealen Alternative. Dieses Sojaprodukt lässt sich ähnlich wie Fleisch in vielerlei Form zubereiten, als Schnitzel, Gulasch, Würstchen, Bällchen, Brotaufstrich usw. Entsprechend gewürzt, unterscheidet sich der Geschmack nur unwesentlich von Fleischgerichten. Als empfehlenswerter Bestandteil der Low-Carb-Diät ist Tofu aber viel gesünder. Es ist ebenso reich an bioaktivem Protein wie ein Schweineschnitzel, enthält aber dafür statt der eher schädlichen gesättigten Fettsäuren im Schnitzelfleisch die ungesättigten pflanzlichen Fettsäuren. Schweinebraten mit fettig-salziger Soße macht dick, pikant gewürzte Tofu-Steaks machen hingegen schlank – einer der Gründe, weshalb dieses traditionelle Grundnahrungsmittel asiatischer Länder auch bei uns immer populärer wird.

Immer mehr Veggies

- Zusehends mehr Supermarktkunden verweilen vorne am Obst- und Gemüsestand, prüfen Avocados auf ihren Reifezustand, wählen Kartoffeln oder Chicorée aus, legen typische Low-Carb-Lebensmittel in den Einkaufswagen. Sie zählen zu den Anhängern einer neuen Ernährungsbewegung, die eher auf Pflanzliches setzt anstatt sich hinten an der Fleischtheke Eisbein, Hackfleisch und Wiener Würstchen abwiegen und einpacken zu lassen.
- Wer ganz strikt auf alle tierischen Lebensmittel verzichtet, wird als Veganer bezeichnet, der fast ausschließlich von Vollkornpro-

dukten, Obst, Salat, Rohkost, Gemüse, Hülsenfrüchten, Nüssen oder Samen lebt.

- So genannte Ovovegetarier erlauben sich auch Eier im Speiseplan, im Gegensatz zu Laktovegetariern, die sich dafür Milch und Käse erlauben. Wer neben Pflanzlichem auch Eier und Milchprodukte zu sich nimmt, gilt als Ovolaktovegetarier.
- Lange Zeit galten Vegetarier als mehr oder weniger exotische und oft auch belächelte Gesundheitsapostel. Inzwischen hat sich ihr Image zum Positiven gewandelt. Vegetarier zu sein ist eine Art Markenzeichen geworden, Symbol für diszipliniertes Essverhalten, auch für ein bewusstes Verhältnis zur Tierwelt. Fleischesser gelten hingegen zusehends häufiger als Zeitgenossen, die sich sinnlichen Genüssen unterwerfen. In Kalifornien wird bei Einstellungsgesprächen immer häufiger die Frage gestellt: »Sind Sie Vegetarier?« Ein entsprechendes Ja wird als Pluspunkt für die allgemeine Bewertung registriert.

Fehlen Vegetariern wichtige Nährstoffe?

Die Antwort lautet: nein. Eine wichtige Feststellung, denn immer wieder beziehen sich Fleischfans in ihrer Argumentation auf einen möglichen Mangel an lebensnotwendigen Biostoffen, der über kurz oder lang zu Befindlichkeitsstörungen, Beschwerden oder Krankheiten führt.

Eiweiß: Pflanzliches Eiweiß ist bioaktiver als solches aus einem Putenschnitzel oder einer Scheibe Fleischkäse. Ist ja auch ganz klar: Pflanzen bestehen zu einem erheblichen Teil aus Protein. Rosenkohl, Kohlrabi oder Lauch werden zudem viel schneller in Magen und Darm zersetzt und zu Basisnährstoffen abgebaut. Während Eiweiß aus dem Gänsebraten dem Stoffwechsel erst rund zwei Stunden nach dem Verzehr zugute kommt, eilen die Aminosäuren aus pflanzlichen Lebensmitteln quasi im Eiltempo übers Blut zu den 70 Billionen Körperzellen.

Vitamin B 12: Von diesem lebenswichtigen Nährstoff brauchen wir im ganzen Leben insgesamt nicht mehr als ein Linsenkorn wiegt. Vitamin B 12 ist zwar praktisch nur in tierischer Kost enthalten, Bakterien in unserem Dickdarm produzieren es aber in ausreichender Menge auch aus Sauerkraut, Biojoghurt und anderen fermentierten Lebensmitteln. Menschen, die sich traditionell seit Hunderten Jahren ausschließlich vegetarisch ernähren, holen sich ihr Vitamin B 12 aus winzigen Insekten in unbehandeltem Getreide.

Eisen: Während der Verdauung formen bestimmte pflanzliche Bestandteile Substanzen, die als Oxalate (Salze der Oxalsäure) und Phytate bezeichnet werden. Die binden sich an das Spurenelement, das dann nicht mehr durch die Darmschleimhaut ins Blut absorbiert werden kann. Bei gesunder pflanzlicher Mischkost aus Hülsenfrüchten, Gemüse und Vollkornprodukten besteht diese Gefahr jedoch nicht.

Im Gegenteil: Weil pflanzliche Kost die Darmschleimhaut zur Abgabe von mehr Magensäure stimuliert, wird Eisen besser verwertbar gemacht als etwa bei fleischreicher Ernährung. Ähnlich wie Eiweiß und Kalzium braucht Eisen ein saures Milieu, um lösbar und ionisiert, damit für den Stoffwechsel aufbereitet zu werden. Besonders eisenreich sind Bohnen, Erbsen, grünes Blattgemüse. Datteln und Rosinen sind ideale eisenreiche Snacks.

Enzyme in den Verdauungssäften von Magen und Darm sind genetisch eher darauf eingerichtet, pflanzliche Nahrungsmittel zu zersetzen.

Gesunde Ballaststoffe für Low-Carb-Vegetarier

Unser Darm freut sich über nichts mehr als über eine Ernährung, die reich an Ballaststoffen ist. Dies sind sperrige Kohlenhydratmoleküle in den Wänden von Pflanzenzellen, die durch Verdauungsenzyme nicht zersetzt werden können und deshalb im Darmtrakt verbleiben.

Sie vermitteln dem Nahrungsbrei Volumen und sorgen für eine gesunde Darmpassage. Unsere Darmfunktion ist genetisch an die Verarbeitung von Ballaststoffen angepasst, schließlich ernährten sich unsere Vorfahren schon vor langer Zeit von pflanzlichen Lebensmitteln. Fisch, Fleisch und Geflügel sind hingegen arm an Ballaststoffen.

Wissenschaftler unterscheiden zwischen wasserlöslichen und -unlöslichen Ballaststoffen. Insgesamt aber saugen diese Pflanzensubstanzen Wasser im Darm auf – und damit auch schädliche Substanzen, Gift-, Fett- oder Abfallstoffe.

Weil sie die Nahrungspassage im Darm beschleunigen, Darmträgheit und Verstopfung vorbeugen, helfen sie bei der Ausscheidung gesundheitsschädlicher Schlacken mit. Sie regulieren also hartnäckige Darmstörungen und wirken gleichzeitig reinigend und entgiftend.

Obst und Gemüse sind demnach beste Abführmittel. Sie helfen nicht nur bei Darmträgheit, sondern auch gegen Darmkollern, Blähungen und Durchfall. Unangenehmer Stuhlgeruch – oft typische Begleiterscheinung einer fleischreichen Kost – neutralisiert sich durch den Verzehr naturbelassener Lebensmittel, die reich an Ballaststoffen sind.

Carb-Diät senkt Cholesterinwerte

Ballaststoffe binden im Darmtrakt auch cholesterinreiche Gallensalze und scheiden sie über den Stuhl aus – wirksamstes natürliches Mittel gegen zu hohe Cholesterinwerte. Das Low-Carb-Programm »Fit und schlank mit gesunden Kohlenhydraten« beugt somit auch Risiken einer Arteriosklerose vor, die durch zu hohe Cholesterinkonzentrationen im Blut begünstigt wird.

Der Fettstoff kann oxidieren, wird damit für den Stoffwechsel unbrauchbar und heftet sich zusammen mit anderen Substanzen als so genannte Plaques an den Arterienwänden an. Dadurch wird der Blutfluss gebremst, Mangeldurchblutung und möglicherweise ein bedrohliches Sauerstoffdefizit in den Herzarterien können entstehen.

Ballaststoffe verlangsamen aber auch das Entleeren des Nahrungsbreis aus dem Magen in den Dünndarm, wirken somit sättigend. Zusätzlich wird die Freisetzung von Glukose ins Blut normalisiert, der Blutzuckerspiegel pendelt sich innerhalb gesunder Referenzwerte ein.

Erstes Symptom ist, dass man sich nach ballaststoffreicher Kost frischer, vitaler fühlt und weniger mentale Ermüdungserscheinungen hat.

Weil hohe Blutzuckerwerte Übergewicht begünstigen, sind Low-Carb-Ballaststoffe also auch die beste Hilfe beim Abspecken – mit ein Grund, weshalb Hollywood- und Sportstars ganz auf diesen neuen Ernährungstrend setzen.

Besonders reich an Ballaststoffen sind alle Obstsorten, Gemüse, Hülsenfrüchte, Vollkornprodukte sowie Naturreis, also pflanzliche Produkte.

Prominente Veggies

- Immer mehr Berühmtheiten aus Film, Fernsehen oder Sport oder auch Topmanager lassen Fleischgerichte links liegen und schließen sich den Vegetariern an:
- Die Schauspieler Richard Gere, Kim Basinger, Toby Maguire, Brigitte Bardot, Dustin Hoffman, Drew Barrymore, Gwyneth Paltrow.
- Die Stars der Musikszene Prince, Bryan Adams, Lenny Kravitz, Paul McCartney, Dre von der Supergruppe »Outkast«, Country-Star Emmylou Harris.
- Berühmte Sportler wie Carl Lewis, Billie Jean King oder Edwin Moses.
- Und auch Spitzenmanager wie Auto-Tycoon Bill Ford oder »Apple«-Chef Steve Jobs.

Low Carb: Siegeszug einer neuen Ernährungsidee

Eigentlich ist Low Carb natürlich uralt – schließlich haben sich schon die Neandertaler mit dieser Form der Ernährung fit und schlank gehalten. Noch bis zur Mitte des vergangenen Jahrhunderts verköstigten sich die Menschen in der so genannten zivilisierten Welt gesund, ehe dann industriell gefertigte Lebensmittel die Supermarktregale eroberten und uns nach süßen Naschereien und fetter Wurst süchtig machten.
Prominente aus Film, TV und Sport werden jetzt zu Vorbildern beim Siegeszug der Low-Carb-Bewegung. Das Schöne dabei: Jeder kann mitmachen, die wissenschaftlichen Erkenntnisse für seine Gesundheit und die seiner Familie nutzen.
Low Carb bedeutet gleichzeitig Rückkehr zur ursprünglichen

Ernährungsform, wie sie seit vielen Hunderttausend Jahren Bestandteil unseres Genotyps, unseres genetischen Programms ist. Ab sofort ist also alles ganz einfach. Die simple Maxime lautet: *Fit und schlank mit gesunden Kohlenhydraten*. Sie sind Garanten für jugendlichen Schwung und einen Körper ohne überflüssiges Fett.

Glossar

Anabol: Aufbauende Wirkung im Stoffwechsel.

Abdominal: Im Bauchbereich gelegen.

Adipozyten: Fettzellen.

Adrenalin: Erregendes Stresshormon, wird vorwiegend im Nebennierenmark synthetisiert.

Aminosäuren: Kleinste Eiweißbausteine.

Amylasen: Kohlenhydrate abbauende Enzyme.

Beta-Blocker: Medikamente gegen Bluthochdruck.

Blutzucker: Glukosekonzentration im Blut.

cAMP: cyklisches Adenosinmonophosphat. So genannter »zweiter Bote«, der überall im Körper Stoffwechselvorgänge beschleunigt und potenziert.

Cholesterin: Fettähnlicher Stoff, Grundsubstanz von Steroidhormonen und Gallensäuren.

Chromosomen: Molekülfäden im Zellkern, auf denen die Gene mit ihrer Erbsubstanz aufgereiht sind.

Cortisol: Stresshormon aus den Nebennieren.

Deziliter: Zehntelliter.

Diabetes: Zuckerkrankheit.

Disaccharide: Kohlenhydratmoleküle, die aus zwei Zuckerteilchen bestehen.

Enzym: Proteine, die als Katalysatoren chemische Reaktionen im Stoffwechsel auslösen.

Fruktose: Fruchtzucker.

Gene: Erbfaktoren in den Chromosomen im Zellkern.

Glukagon: Hormon der Bauchspeicheldrüse, Gegenspieler von Insulin im Stoffwechsel.

Glukose: Kleinste Einheit der Kohlenhydrate.

Gluteal: Im Gesäßbereich gelegen.

Glykämischer Index: Tabelle für den Zuckergehalt von Lebensmitteln.

Glykogen: Speicherglukose in Leber und Muskeln.

Homöostase: Aufrechterhaltung eines bestimmten Zustands im Körper, z. B. des Wasserhaushalts.

Hormone: Körpereigene Wirkstoffe, die Stoffwechselabläufe beeinflussen.

Insulin: Hormon der Bauchspeicheldrüse.

Kalorie: Energie- bzw. Wärmemenge, die benötigt wird, um 1 Gramm Wasser um 1 Grad Celsius zu erwärmen.

Kohlenhydrate: Wichtiger Grundnahrungsstoff, wird von Pflanzen hergestellt.

Leokotriene: Körpereigene Gewebshormone.

Libido: Sexualtrieb.

Lipasen: Fettabbauende Enzyme.

Lipide: Fettstoffe.

Lipogenese: Fetteinbau.

Lipolyse: Abbau von Fettmolekülen und von Fettgewebe.

Lipoprotein-Lipasen: Enzyme, die Fettmoleküle zerlegen.

Menarche: Erste Menstruation.

Mikrogramm: Millionstel Gramm.

Mitochondrien: Winzige Energiebrennkammern in Zellen.

Moleküle: Kleines Teilchen, das aus zwei oder mehr Atomen besteht.

Monosaccharide: Kohlenhydrate mit nur einem Zuckermolekül.

Noradrenalin: Nervenreizstoff, so genannter Neurotransmitter, der erregend und euphorisierend wirkt.

Nukleasen: Enzyme, die Nukleinsäuren abbauen, die für den Aufbau der Zellkerne benötigt werden.

Parasympathikus: Vegetatives Nervensystem, das beruhigend wirkt.

Polysaccharide: große Kohlenhydratmoleküle, die sich aus vielen einzelnen Zuckerteilchen zusammensetzen.

Präadipozyten: Leere Fettzellen.

Prostaglandine: Körpereigene Gewebshormone, die unter anderem für Entzündungen verantwortlich sind.

Proteasen: Eiweiß abbauende Enzyme.

Protein: Eiweißmolekül.

Referenzbereich: Wertebereich für Grenzwerte bei Diagnosen, z. B. für Leber- oder Cholesterinwerte.

Rezeptoren: Andockstellen für Moleküle und Nährstoffe an der Schutzmembran von Körperzellen.

Ribosomen: Zellkomponenten, in denen Eiweißmoleküle entstehen.

Saccharide: Anderer Begriff für Kohlenhydrate.

Steroide: Hormongruppe, zu der Sexualhormone, Östrogen oder Kortison gehören.

Subkutan: Unter der Haut gelegen.

Sympathikus: Vegetatives Nervensystem, das erregend wirkt.

Thromboxane: Körpereigene Gewebshormone.

Thyroxin: Schilddrüsenhormon.

Triglyzeride: Fettmoleküle.

Triiodthyronin: Schilddrüsenhormon.

Vitamine: Moleküle, die im Organismus Stoffwechselreaktionen bewirken.

Register